AUTORE

Luigi Manes è nato a Milano il 18 luglio 1966 ed è laureato in Economia Aziendale. Da sempre interessato alla storia della Seconda Guerra Mondiale, nel 2018 ha pubblicato il suo primo libro, "Italia 43-45 – I mezzi delle unità cobelligeranti" (Mattioli 1885), scritto a quattro mani con Paolo Crippa, seguito poco dopo da "Carri armati Sherman in Sicilia" (Edizioni Ardite), realizzato insieme a Lorenzo Bovi. Con Soldiershop ha pubblicato i seguenti volumi: "Il carro armato medio Sherman nel teatro bellico europeo" (2019), "Le cingolette britanniche della Seconda Guerra Mondiale" (2019), "Reparti corazzati jugoslavi 1940-1945" (2020, scritto con Paolo Crippa), "Il Gruppo di Combattimento Legnano" (2021) e "Carri Armati Partigiani" (2022, con Paolo Crippa). Ha inoltre realizzato vari articoli per la rivista di modellismo militare "Steel Art" e per il sito "Modellismo Più". Appassionato di calcio, è un grande tifoso dell'Inter.

PUBLISHING'S NOTES

None of unpublished images or text of our book may be reproduced in any format without the expressed written permission of Luca Cristini Editore (already Soldiershop.com) when not indicate as marked with license creative commons 3.0 or 4.0. Luca Cristini Editore has made every reasonable effort to locate, contact and acknowledge rights holders and to correctly apply terms and conditions to Content.

Every effort has been made to trace the copyright of all the photographs. If there are unintentional omissions, please contact the publisher in writing at: info@soldiershop.com, who will correct all subsequent editions.

Our trademark: Luca Cristini Editore©, and the names of our series & brand: Soldiershop, Witness to war, Museum book, Bookmoon, Soldiers&Weapons, Battlefield, War in colour, Historical Biographies, Darwin's view, Fabula, Altrastoria, Italia Storica Ebook, Witness To History, Soldiers, Weapons & Uniforms, Storia etc. are herein © by Luca Cristini Editore.

LICENSES COMMONS

This book may utilize part of material marked with license creative commons 3.0 or 4.0 (CC BY 4.0), (CC BY-ND 4.0), (CC BY-SA 4.0) or (CC0 1.0). We give appropriate attribution credit and indicate if change were made in the acknowledgments field. Our WTW books series utilize only fonts licensed under the SIL Open Font License or other free use license.

For a complete list of Soldiershop titles please contact Luca Cristini Editore on our website: www.soldiershop.com or www.cristinieditore.com. E-mail: info@soldiershop.com

Titolo:**LE UNITÀ ALBANESI DELLA SECONDA GUERRA MONDIALE** Code.: **WTW-051 IT** Di Luigi Manes
ISBN code: 9788893277488 prima edizione Novembre 2023
Lingua: Italiano. dimensione: 177,8x254mm Cover & Art Design: Luca S. Cristini

WITNESS TO WAR (SOLDIERSHOP) is a trademark of Luca Cristini Editore, via Orio, 35/4 - 24050 Zanica (BG) ITALY.

WITNESS TO WAR

LE UNITÀ ALBANESI DELLA SECONDA GUERRA MONDIALE

PHOTOS & IMAGES FROM WORLD WARTIME ARCHIVES

LUIGI MANES

BOOKS TO COLLECT

INDICE

L'Albania dalla dichiarazione d'indipendenza del 1912 al regno di Zog I - Cenni storici .... pag. 5

L'Operazione Oltre Mare Tirana - Le forze in campo .... pag. 9

L'occupazione italiana dell'Albania .... pag. 19

L'Unione italo - albanese .... pag. 20

Le unità albanesi del Regio Esercito .... pag. 21

La Milizia Fascista Albanese .... pag. 43

Ricostituzione e impiego dell'esercito albanese dopo l'Armistizio .... pag. 51

Gli albanesi nelle Waffen – SS .... pag. 59

Resistenza e guerra civile .... pag. 71

L'Esercito di Liberazione Nazionale Albanese .... pag. 77

I militari italiani nella resistenza albanese .... pag. 94

Bibliografia .... pag. 97

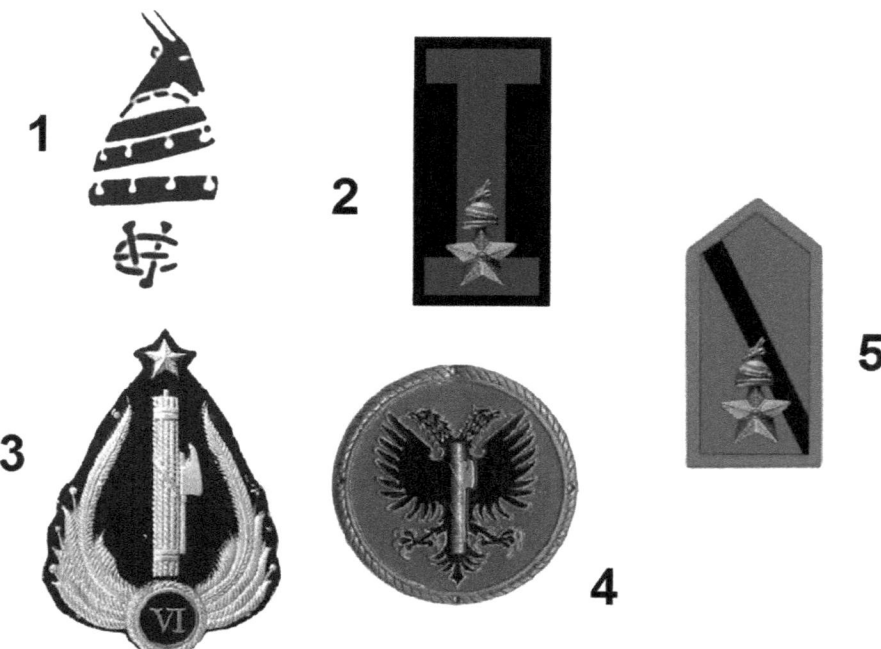

1. Fregio a mascherina per elmetto M33 della *Guardia Reale Albanese*.
2. Alamaro da ufficiale della *Guardia Reale Albanese* caratterizzato dalla zigrinatura della stelletta.
3. Fregio della M.V.S.N. applicato anteriormente sul copricapo della *Milizia Fascista Albanese*.
4. Distintivo circolare omerale della *Milizia Fascista Albanese* portato alla manica sinistra.
5. Mostrina pentagonale per ufficiale dei *Cacciatori d'Albania* caratterizzata dalla zigrinatura della stelletta.

L'ALBANIA DALLA DICHIARAZIONE DI INDIPENDENZA DEL 1912 AL REGNO DI ZOG I CENNI STORICI

Il 28 novembre 1912 il Congresso Nazionale Albanese, presieduto da Ismail Qemali[1], proclamò l'indipendenza del "Paese delle Aquile", ponendo di fatto fine alla dominazione turca, iniziata nel 1385. Concluse le guerre balcaniche, che comportarono una riconfigurazione degli assetti territoriali delle nazioni belligeranti, furono definiti i confini del nuovo Stato e secondo quanto stabilito dalle grandi potenze europee, nell'aprile del 1914 il principe tedesco Guglielmo di Wied divenne Principe d'Albania. Allo scoppio del primo conflitto mondiale l'Austria-Ungheria tentò invano di convincere Guglielmo a schierare il principato balcanico a fianco degli Imperi Centrali. Incapace di recepire le istanze della popolazione e dei capi delle comunità locali, rimasto isolato sul piano interno e privo di appoggi su quello esterno, il sovrano fu costretto ad abbandonare il Paese. Il 3 settembre 1914 Guglielmo di Wied partì da Durazzo a bordo della nave italiana *"Misurata"*, diretta a Venezia, per fare ritorno in Germania. Si concludeva così il breve regno del principe tedesco di religione protestante che era stato prescelto per guidare dei sudditi appartenenti a tre diverse confessioni: quella musulmana, predominante e introdotta dagli ottomani, quella cristiano ortodossa e quella cattolica. Il potere fu assunto da Essad Pasha Toptani, ex deputato albanese nel parlamento ottomano e capo militare durante la Prima Guerra Balcanica, successivamente nominato Ministro della Guerra e Ministro dell'Interno proprio da Guglielmo. Toptani, rientrato in patria dopo essersi rifugiato in Italia per sfuggire alle accuse di aver tramato contro il Principe, fu eletto Primo Ministro nell'ottobre del 1914 e, sostenuto dai serbi, schierò l'Albania contro gli Imperi Centrali. Il territorio albanese, divenuto teatro bellico, fu conseguentemente occupato dalle truppe austro-ungariche, serbe, montenegrine, greche, francesi e italiane, queste ultime presenti nel Paese fin dall'autunno del 1914. Anche se il 4 giugno 1917 con un'abile mossa l'Italia ne riaffermò integrità e indipendenza, al termine della Grande Guerra l'Albania corse il rischio di essere smembrata per saziare gli appetiti dei suoi vicini. La Serbia infatti agognava a uno sbocco sul mare, la Grecia aveva invece messo gli occhi sulle regioni albanesi meridionali. Una simile prospettiva non poteva essere avallata dal governo italiano, entrato in contrasto con gli alleati dell'Intesa anche su altre questioni, tra le quali quella di Fiume. Nel 1919, grazie a un accordo con la Grecia, Roma riuscì nell'intento di conservare il controllo del Canale d'Otranto mantenendo il possesso dell'isola di Saseno e confermando la sovranità su Valona[2], città che tuttavia tornò al "Paese delle Aquile" nel 1920. Nel 1921, alla Conferenza di Parigi, l'Italia assunse il ruolo di garante dell'indipendenza dell'Albania che fu anche ammessa alla Società delle Nazioni. Con l'uscita di scena dell'impero austro-ungarico e di quello ottomano, il rafforzamento del piccolo Stato balcanico fu considerato dall'Italia un fattore cruciale per la tutela dei propri interessi in Adriatico. In quello stesso periodo emerse la figura di Ahmet Zog[3], destinata

---

[1] Ismail Qemali nacque a Valona nel 1844. È considerato come il fondatore dello stato albanese. Morì a Perugia nel 1919.
[2] L'Italia aveva ottenuto il possesso dell'isolotto di Saseno e di Valona con il Patto di Londra del 26 aprile 1915.
[3] Ahmet Zogolli, più noto come Zog, nacque nel 1895. Esponente di una famiglia di proprietari terrieri del Mathi, regione del settentrione d'Albania, frequentò l'Accademia Militare di Costantinopoli. Dopo le guerre balcaniche, con l'Albania sotto il dominio di Vienna, si arruolò nell'esercito austriaco e raggiunse il grado di colonnello. In concomitanza alla sua nomina a Primo Ministro (24 dicembre 1922) decise di fare a meno del nome di origine turca, Ahmet, e si fece chiamare solamente Zog. Nel 1925 fu eletto Presidente della neo proclamata Repubblica Albanese. Riuscì a farsi incoronare Re d'Albania il 1° settembre 1928.

a segnare il panorama politico albanese fino al 1939. Rappresentante del ceto dei grandi proprietari terrieri ed ex Ministro dell'Interno nel governo di Sulejman Delvina[4], formatosi nel 1920 a seguito del Congresso di Lushnjë con il quale esponenti politici albanesi affermavano la volontà di salvaguardare l'autonomia della nazione, Zog divenne Primo Ministro il 24 dicembre 1922. Ben presto il nuovo capo del governo dovette fare i conti con un'accanita opposizione guidata da una formazione politica capeggiata da Fan Noli, vescovo ortodosso di Durazzo, alleata con la fazione nazionalista democratica e con il Comitato del Kosovo che aspirava alla liberazione del territorio controllato dalla Serbia e abitato in maggioranza da popolazioni di etnia albanese. Non solo gli oppositori contestavano a Zog la mancata attuazione della riforma agraria ma premevano anche per riformare la giustizia e la pubblica amministrazione e perché lo Stato avocasse a sé lo sfruttamento delle risorse petrolifere nazionali, all'epoca appannaggio di importanti compagnie straniere come la statunitense Standard Oil e l'Anglo-Persian Oil Company. Nel 1924 la dura contrapposizione politica si trasformò in una lotta armata che causò la defenestrazione di Zog, sostituito nella carica di Primo Ministro da Shefqet Vërlaci[5]. Dopo la formazione di un nuovo esecutivo da parte di Noli, Zog riparò in Jugoslavia ove fu accolto con favore dai nazionalisti serbi, contrari alle rivendicazioni avanzate dal Comitato del Kosovo. La situazione si capovolse durante l'ultimo mese dell'anno. Il 13 dicembre 1924 le milizie "zogiste" appoggiate da reparti dell'artiglieria jugoslava entrarono in Albania e il 24 dicembre raggiunsero Tirana. Il 19 gennaio 1925, dopo lo scioglimento dei movimenti che si opponevano a Zog, fu proclamata la nascita della Repubblica d'Albania. Ricompensata con alcune rettifiche di confine la Jugoslavia per l'appoggio fornito, Zog, divenuto Presidente della Repubblica, si adoperò per consolidare i privilegi di cui godevano nel Paese le compagnie petrolifere straniere e favorire l'ingresso di capitali esteri attraverso la concessione di vantaggiose agevolazioni fiscali. Risale inoltre a quel tempo l'avvicinamento di Zog all'Italia, motivato dall'esigenza di controbilanciare l'influenza di Belgrado sull'Albania e colto da Mussolini come un'opportunità per dare inizio a una serie di interventi in campo economico e militare. Già nel corso del 1925 si svilupparono accordi segreti tra Italia e Albania, soprattutto grazie all'opera del deputato italiano Alessandro Lessona[6]. Il 27 novembre 1926 venne firmato a Tirana un patto di amicizia e sicurezza accolto con soddisfazione da entrambe le parti: Mussolini riteneva che un forte legame con l'Albania fosse indispensabile alla sicurezza dell'Italia, Zog desiderava realizzare un'alleanza militare in grado di scoraggiare eventuali mire espansionistiche greche e jugoslave. Esattamente un anno dopo il patto fu perfezionato in un trattato di alleanza difensiva dalla durata venticinquennale (Trattato di Tirana) che, seppure soddisfece l'aspirazione del Primo Ministro schipetaro di divenire Re col nome di Zog I, trasformò l'Albania in uno stato satellite dell'Italia. All'inizio degli anni Trenta sussulti nazionalisti indussero il sovrano a rivedere l'impostazione della politica estera, ritenuta troppo accondiscendente nei confronti del

---

4 Alla fine del 1920 l'esecutivo guidato da Delvina si dimise e lasciò spazio a un governo presieduto da Iljaz Vrioni, uno dei firmatari della Dichiarazione d'Indipendenza dell'Albania del 28 novembre 1912. Successivamente Sulejman Delvina si oppose al potere di Zog.

5 Shefqet Vërlaci sostenne la nomina di Zog a Primo Ministro. Il 12 aprile 1939, con l'annessione dell'Albania all'Italia, Vërlaci divenne capo del governo albanese, ricoprendo tale carica fino al 3 dicembre 1941. Fu inoltre nominato Senatore del Regno d'Italia.

6 In ambito militare il Regno d'Albania metteva a disposizione dell'Italia il proprio territorio in caso di conflitto contro la Jugoslavia. Grande rilevanza rivestirono in tema economico la concessione di aree agricole e i permessi di sfruttamento di zone petrolifere nella regione del Devoli, accordati all' Azienda Italiana Petroli Albania (AIPA, in seguito assorbita dall'AGIP per effetto di una legge italiana del 1940), gestita dalle Ferrovie dello Stato italiane, la nascita della Società per lo Sviluppo Economico dell'Albania (SVEA) nell'aprile del 1925, per finanziare la realizzazione di opere pubbliche attraverso la partecipazione di imprese italiane e la costituzione di una banca centrale albanese, la Banca Nazionale d'Albania, con capitale in massima parte italiano nel settembre del 1925. Indipendente dal governo albanese ma totalmente controllata dall'Italia, la Banca Nazionale d'Albania aveva sede legale a Roma ed era al contempo istituto d'emissione e di credito ordinario.

governo italiano da una fetta dell'opinione pubblica albanese. Il raffreddamento delle relazioni con Tirana spinse Roma a reagire con la sospensione dell'erogazione di un importante prestito concesso nel 1931 in vista della conferma dei patti stipulati negli anni precedenti. Il Re d'Albania rispose a sua volta con misure quali l'introduzione di un sistema di istruzione pubblica che penalizzava gli istituti scolastici privati cattolici italiani e il mancato rinnovo degli incarichi concessi ai consiglieri e istruttori militari italiani che ebbe come conseguenza anche l'allontanamento del generale del Regio Esercito Alberto Pariani, capo della missione militare italiana presso le Forze Armate albanesi. Zog non era tuttavia nelle condizioni di poter rinunciare ad aiuti economici d'importanza vitale e dopo aver cercato senza successo di avvicinarsi alla Francia allo scopo di svincolarsi in qualche misura dalle pressioni italiane, non poté che tornare sui suoi passi. Grazie alla mancata adesione dell'Albania alle sanzioni comminate all'Italia dalla Società delle Nazioni per il conflitto in Etiopia, Zog ottenne da Roma dei nuovi prestiti finalizzati a investimenti in campo agricolo e militare. Il sistematico ricorso a prestiti esteri, resosi necessario in mancanza di un credibile programma di risanamento delle finanze pubbliche, finì per consolidare il primato italiano sull'economia albanese. Un timido tentativo di modernizzazione dell'apparato amministrativo statale, accompagnato da provvedimenti di carattere liberale che resero possibile la costituzione di sindacati a tutela dei lavoratori del settore minerario e concessero una maggiore libertà di stampa, fu avviato dall'esecutivo guidato da Mehdi Frashëri, personalità di orientamento filo-italiano, nominato Primo Ministro dal sovrano albanese nel 1935. Negli anni seguenti, eventi come la Guerra di Spagna e l'annessione dell'Austria alla Germania sconvolsero il quadro europeo relegando in secondo piano le vicende schipetare. Dopo la Conferenza di Monaco del 1938 che sancì l'annessione dei Sudeti alla Germania, le sorti di Zog e del suo regno erano ormai interamente nelle mani dell'Italia.

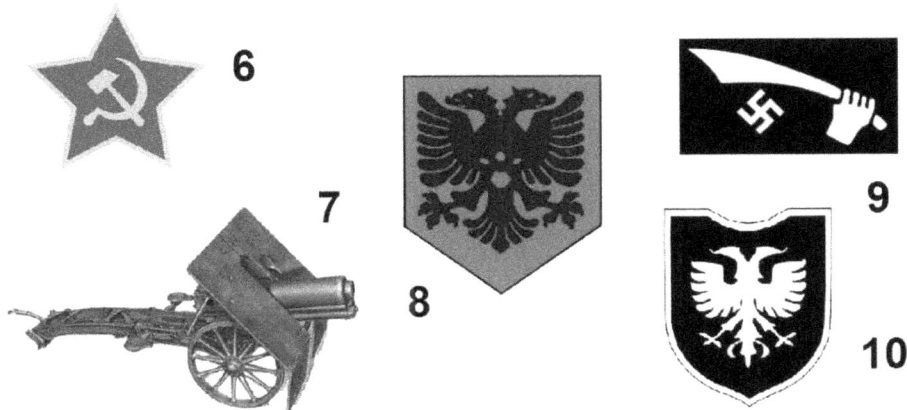

6. Fregio per copricapo dell'*Esercito di Liberazione Nazionale Albanese*.
7. Obice da 75/13.
8. Fregio per copricapo del *Balli Kombëtar*.
9. Mostrina della 13. Waffen – Gebirgs – Division der SS *"Handschar"*.
10. Simbolo della 21. Waffen – Gebirgs – Division der SS *"Skanderbeg"*.

▲ Il territorio dell'Albania tra il 1939 e il 1944.

L'OPERAZIONE OLTRE MARE TIRANA LE FORZE IN CAMPO

Alla fine degli anni Trenta, nonostante la conclusione di ulteriori accordi in materia economica e commerciale, la tenuta delle relazioni politiche tra Roma e Tirana iniziò a scricchiolare. Non solo Zog era avversato dai giovani, soprattutto da coloro che avendo studiato all'estero avevano potuto constatare di persona quanto la realtà del proprio Paese fosse distante da quella del resto d'Europa, ma era anche inviso alla parte più avanzata della società albanese che vedeva disattese le promesse di sviluppo economico e civile. La posizione del sovrano, ostile a qualsiasi seria iniziativa riformatrice e preoccupato principalmente del rafforzamento del proprio potere, divenne pertanto rapidamente precaria. L'eventualità che Zog potesse rivolgersi ad altre potenze per restare saldamente in sella, magari proprio alla Germania che si era appena impadronita di Praga, della Boemia e della Moravia, indusse il Duce a mettere in atto un piano di occupazione dell'Albania, fortemente sostenuto dal ministro degli Esteri Galeazzo Ciano[7]. La mancata accettazione delle proposte illustrate in un ultimatum[8] rivolto al sovrano albanese dal governo italiano avrebbe dato luce verde all'invasione. Con il rifiuto di Zog, il 7 aprile 1939 prese il via l'Operazione Oltre Mare Tirana (O.M.T). Il Corpo di Spedizione italiano, formato da circa 22.000 uomini agli ordini del generale Alfredo Guzzoni, fu ripartito in tre scaglioni e ottenne l'appoggio di forze aree e navali. Il primo scaglione, il solo a partecipare ai combattimenti poiché gli altri due[9] giunsero in territorio albanese ad occupazione praticamente già conclusa, era strutturato su quattro colonne:

Colonna di Durazzo (generale Giovanni Messe)

- Un reggimento Bersaglieri (colonnello Sozzani) su un comando reggimentale Bersaglieri (2°) e tre battaglioni Bersaglieri (II/2, XVII/2 e XIV/5)
- Un gruppo tattico Bersaglieri (colonnello Anderson) su due battaglioni Bersaglieri (X/7 e XXVII/11)
- Un Gruppo Carri Armati Leggeri (colonnello D'Antoni) su due battaglioni Carri L (VIII e X, entrambi del 31° Reggimento Fanteria Carrista)
- Un battaglione (I/47) della Divisione di Fanteria *"Murge"*

---

7 Ciano influenzò l'opinione di Mussolini in merito all'opportunità dell'operazione evidenziando i più importanti fattori che a suo parere giocavano a favore di una siffatta decisione: le simpatie di cui godevano gli italiani nei ranghi delle forze armate di Zog, lo scollamento tra il regime e il popolo albanese che avrebbe accolto gli italiani come liberatori, l'acquiescenza della Jugoslavia e, particolarmente, la preoccupazione che i tedeschi potessero anticipare le iniziative dell'Italia e dare luogo a un progetto di espansione nei Balcani.

8 La versione definitiva dell'ultimatum inviato a Zog comprendeva i seguenti punti: 1) nel caso in cui il Paese si fosse trovato in pericolo, le strade, i porti e gli aeroporti dell'Albania dovevano essere messi a disposizione dell'Italia; 2) in tutti i ministeri del governo albanese doveva essere garantita la presenza di un viceministro italiano; 3) ai cittadini italiani in Albania doveva essere attribuito il godimento dei diritti civili e politici propri dei cittadini albanesi; 4) la legazione italiana di Tirana e la legazione albanese di Roma dovevano essere trasformate in ambasciate. In caso di risposta affermativa, i due Paesi avrebbero sottoscritto un nuovo trattato.

9 Il primo scaglione aveva una forza complessiva di oltre 13.000 uomini. Il secondo scaglione era formato da un battaglione di Fanteria (II/47 della Divisione *"Murge"*, oltre al comando del 47° Reggimento di Fanteria e alla batteria d'accompagnamento da 65/17 del medesimo reggimento), un battaglione Mitraglieri (IX di Corpo d'Armata), due Gruppi Squadroni di Cavalleria (I/*"Lancieri di Aosta"* e II/*"Genova Cavalleria"*), tre gruppi di artiglieria (IV Gruppo da 100/17 del 14° Regg. Art. *"Murge"*, XVIII Gruppo di Corpo d'Armata da 105/28 e CXV Gruppo di Corpo d'Armata da 149/13), una compagnia presidiaria, una compagnia pontieri, una compagnia artieri, servizi vari. Il terzo scaglione comprendeva gran parte della Divisione di Fanteria *"Murge"* (eccetto i reparti assegnati al secondo scaglione), il XCII battaglione CC.NN. (Camicie Nere), servizi vari. Sbarcò anche un Gruppo Battaglioni CC.NN. (CXI, CXII, CLII), sotto il comando del console Peano.

- Una batteria da 20 della Divisione di Fanteria *"Murge"*
- Una batteria d'accompagnamento da 65/17 del 3° Reggimento Granatieri
- Una autosezione leggera e collegamenti vari (sezione radiotelegrafisti e stazioni radio)

Colonna di San Giovanni di Medua (colonnello Arturo Scattini)

- Un comando reggimentale Bersaglieri (9°) con tre battaglioni Bersaglieri (VI/6, III/8 e XXVIII/9)
- Due compagnie del Battaglione *"San Marco"* (Regia Marina)
- Una autosezione pesante e collegamenti vari (sezione radiotelegrafisti e stazioni radio)

Colonna di Valona (colonnello Tullio Bernardi)

- Un comando reggimentale Bersaglieri (1°) con due battaglioni Bersaglieri ciclisti (I/1 e XVI/10)
- Gruppo Battaglioni CC.NN. (console Nannini) con due battaglioni CC.NN. (XL e LXXVI)
- Una autosezione pesante e collegamenti vari (stazioni radio)

Colonna di Santi Quaranta (colonnello Mario Carasi)

- Un comando reggimentale Bersaglieri (12°) con due battaglioni Bersaglieri ciclisti (XX/3 e XXIII/12)
- III Gruppo Carri Veloci *"San Giorgio"*
- Due compagnie del Battaglione *"San Marco"* (Regia Marina)
- Una autosezione pesante, una autofficina e collegamenti vari (sezione radiotelegrafisti e stazioni radio)

Al momento dell'invasione italiana a Re Zog I spettava il comando supremo delle forze armate albanesi, meglio definite come Esercito Reale Albanese (*"Ushtria Mbretërore Shqiptare"*). Il generale Xhemal Aranitasi ricopriva il ruolo di Comandante dell'esercito, Capo di Stato Maggiore Generale era il nobile austriaco Gustav von Myrdacz, generale incaricato sin dagli anni Venti dell'organizzazione dell'apparato militare di Tirana. Alla fine degli anni Trenta circa 15.000 uomini erano probabilmente in servizio effettivo nell'esercito di Zog ma una cifra più attendibile si aggirerebbe intorno agli 8.000 – 10.000 militari mobilitati, dei quali 450 – 500 ufficiali e 700 – 800 sottufficiali, escludendo dal computo le unità della Gendarmeria e della Guardia di Confine. Certamente significativa era all'epoca la presenza di una rilevante missione militare italiana, a qualunque livello, nelle forze armate albanesi[10], le quali erano organizzate come segue:

Fanteria

All'inizio del 1939 la Fanteria albanese contava nelle proprie file sette battaglioni. I reparti erano stati battezzati con i nomi di alcune tra le più note vette del "Paese delle Aquile": *"Tarabosh"* (centro di reclutamento a Scutari), *"Korata"*, *"Deja"*, *"Dajti"* (tutti e tre con centro di reclutamento a Tirana), *"Kaptina"* (centro di reclutamento a Elbasan), *"Tomori"* (centro di reclutamento a Berat), *"Gramos"*

---

[10] A partire dalla metà degli anni Venti, molti albanesi ebbero modo di accedere alle Scuole Militari italiane. Nell'immediata vigilia dell'Operazione Oltre Mare Tirana, ben 61 di essi si stavano istruendo presso le Accademie Militari d'Italia. Il nipote di Zog si trovava presso la Scuola Specialisti della Regia Aeronautica italiana.

(centro di reclutamento a Corcia)[11]. Ciascun battaglione era costituito, sulla carta, da un Comando (circa 20 uomini), tre compagnie di fucilieri (ognuna con almeno 120 uomini, su 1 comando di compagnia e 3 plotoni suddivisi in 3 squadre), una compagnia di mitraglieri (su 3 plotoni), servizi vari. I battaglioni *"Tarabosh"*, *"Kaptina"*, *"Tomori"* e *"Gramos"* erano a ranghi incompleti, potendo disporre solo di due compagnie di fucilieri e di una compagnia di mitraglieri ordinata su due plotoni.

Artiglieria

L'Artiglieria albanese annoverava otto batterie da 65/17 (ciascuna su 2 pezzi), quattro batterie da 75/13 (ciascuna su 2 obici Skoda da 75/13 someggiabili), due batterie campali da 75/27, una ippotrainata, l'altra ufficialmente autotrasportata (entrambe su 4 pezzi da 75/27 modello 1906). Una terza batteria da 75/27 su 4 cannoni (pare sistemati in casematte realizzate da genieri italiani) difendeva il porto di Durazzo[12]. Tre batterie contraeree di piccolo calibro, ognuna su 6 mitragliatrici (probabilmente delle Schwarzlose M07/12 da 8 mm montate su affusti dedicati e cedute agli albanesi dagli italiani), erano dislocate a San Giovanni di Medua, Durazzo e Santi Quaranta. Diverse fonti menzionano anche l'esistenza di un reparto di artiglieria divisionale, direttamente dipendente dal comando generale dell'esercito, organizzato su un gruppo da montagna da 75/13 (su 3 batterie someggiabili di 2 pezzi) e un gruppo da 75/27 (su 2 batterie da 4 pezzi, una ippotrainata, l'altra autotrasportata)[13]. Come si avrà modo di vedere, vi erano inoltre due ulteriori batterie da 75/13 (ognuna su 4 pezzi), una (ippotrainata) in forza alla Gendarmeria, l'altra (presumibilmente non ippotrainata) in servizio presso la Guardia Reale[14].

Genio

Nel 1939 erano operative nell'ambito del Genio tre compagnie zappatori – minatori (ciascuna su Comando e tre plotoni), una sezione pontieri e una compagnia radiotelegrafisti e telefonisti. Quest'ultima assolveva alle necessità di tutto l'esercito ed era composta da un Comando di compagnia (con 1 autocarro), una sezione radiotelegrafisti (con 1 autovettura, 3 quadrupedi, 6 stazioni radiotelegrafiche R3, 2 stazioni radiotelegrafiche R5), una sezione telefonisti e una sezione fotoelettricisti (con 4 quadrupedi). Fu inoltre prevista la creazione di compagnie di supporto, ognuna su Comando (1 autovettura e 1 quadrupede), Reparto Trasporti (con 24 quadrupedi e un numero variabile di carrette), Salmerie, Reparto Logistico (con 1 autocarro e diversi quadrupedi).

Gendarmeria

La Gendarmeria era incaricata di provvedere al mantenimento dell'ordine pubblico ma doveva anche contribuire alla difesa del Paese. Dal 1931 al 1939 fu comandata dal colonnello Shefki Shatku[15]. Diversamente dal resto dell'esercito, nella Gendarmeria erano presenti istruttori britannici. Ciò consentì a Zog di controbilanciare in qualche misura il notevole peso della missione militare italiana presso le Forze Armate albanesi. La maggiore disponibilità a resistere allo sbarco italiano evidenziata da taluni reparti agli ordini del colonnello Shatku potrebbe essere in qualche misura spiegabile con l'influenza esercitata sui gendarmi dagli istruttori d'Oltremanica. Al massimo livello gerarchico

---

[11] Complessivamente, la Fanteria albanese avrebbe dovuto constare di nove battaglioni ma al momento dell'invasione italiana ne erano stati costituiti solo sette. I battaglioni a ranghi ridotti contavano su una forza inferiore a 500 uomini.
[12] Degna di nota la presenza a Durazzo di due vecchi forti costruiti dai turchi che, fin dal 1912, ospitavano tre pezzi di artiglieria leggera (di calibro ignoto). Non è tuttavia chiaro se tali artiglierie fossero ancora in loco nell'aprile del 1939.
[13] Non si può tuttavia escludere che si trattasse di batterie già in organico, raggruppate in un'unità direttamente dipendente dal comando generale.
[14] Le batterie da montagna recavano i nomi di importanti corsi d'acqua dell'Albania: Mathi, Drin, Semani e Vjosë (Voiussa).
[15] Shefki Shatku fu promosso colonnello il 28 novembre 1938. Raccolse vari riconoscimenti tra i quali la Croce di Ferro di II Classe, ricevuta dal Kaiser. Nel 1933 fu insignito Comandante dell'Ordine di Skanderbeg da Zog e nel 1937 fu decorato con la medaglia di Grand'Ufficiale dell'Ordine della Corona d'Italia da Vittorio Emanuele III.

il comandante albanese era affiancato dal generale Jocelyn Percy, a sua volta coadiuvato dal generale George H. M. Richey. La Gendarmeria era formata da sei battaglioni che avevano sede ad Argirocastro (600 uomini), Berat (500 uomini), Elbasan (400 uomini), Scutari (400 uomini), Durazzo (500 uomini), Kukës (400 uomini). Ogni battaglione era inoltre dotato di 4 mitragliatrici Schwarzlose M07/12. Un battaglione d'istruzione (600 uomini) provvisto di una batteria da 75/13 su 4 pezzi e 12 mitragliatrici Fiat 14/35[16] si trovava a Burreli. La Gendarmeria aveva sulla carta una forza di 3.782 uomini, dei quali 136 ufficiali ma fonti italiane riportano un totale di 2.867 gendarmi, dato da 131 ufficiali e 2.736 tra sottufficiali e truppa.

Guardia di Confine
Nel 1925 un gruppo di ufficiali della Guardia di Finanza italiana ricevette l'incarico di organizzare la Guardia di Confine albanese. I compiti di questa Arma consistevano nel proteggere i confini nazionali dalle interferenze straniere e nel reprimere le attività di contrabbando. La Guardia di Confine era imperniata su quattro battaglioni di stanza a Delvina, Durazzo, Scutari e Corcia. In quest'ultima località aveva tra l'altro sede un battaglione d'istruzione. Nei primi mesi del 1939 la forza complessiva era verosimilmente data da 91 ufficiali, 222 sottufficiali e 1.500 militari, distribuiti su 14 compagnie, 48 plotoni e 119 squadre.

Guardia Reale
Comandata dal colonnello Hysen Selmani, nell'aprile del 1939 la Guardia Reale era formata da 926 uomini tra ufficiali, sottufficiali e truppa. Era formata da una compagnia d'onore addetta a servizi di rappresentanza, un battaglione di fanteria su comando e 4 compagnie fucilieri, una batteria d'artiglieria (su 4 pezzi someggiabili da 75/13, 152 uomini di cui 4 ufficiali, 59 quadrupedi), uno squadrone di Cavalleria (con 70 – 90 uomini, unico del suo tipo nell'esercito albanese che mancava di una vera e propria Arma di Cavalleria), Banda Reale e plotone complementi. Il battaglione di Fanteria era formato da circa 600 guardie. Alla Guardia Reale spettava proteggere il Re da qualsiasi tipo di aggressione.

Servizio Automobilistico
Il Servizio Automobilistico aveva sede a Tirana e comprendeva Comando, Deposito materiali, Deposito carburanti, Officine meccaniche, Scuola conducenti. Complessivamente, circa 600 autieri erano disponibili per le disparate esigenze dell'esercito. Nel 1936 le dotazioni in automezzi includevano 200 autovetture e autocarri leggeri, 300 autocarri da 2 e 3 tonnellate di portata e 20 autobus per il trasporto delle truppe. Più precisamente, tra i mezzi in servizio vi erano vari modelli italiani come le autovetture Fiat 521, 521C e 525 e gli autocarri Fiat 15-ter oltre a un limitato numero di autovetture Ford e autocarri leggeri Fordson, veicoli assemblati su licenza in Romania.

Squadrone Carri e Autoblindo
Il Servizio Automobilistico sovrintendeva anche a un piccolo reparto corazzato di stanza a Tirana. Si trattava dello Squadrone Carri e Autoblindo, che nel 1939 disponeva quasi sicuramente di almeno 2 carri armati leggeri Fiat 3000 (armati di mitragliatrici e ceduti dagli italiani negli anni Trenta) e 6 carri veloci L3 (pare tutti CV33). Completavano le dotazioni 6 autoblindo Lancia 1ZM e una indeterminata ma comunque ristretta quantità di autoblindo Bianchi. Permangono diversi dubbi sulla reale consistenza di questa minuscola formazione, anche perché non è chiaro quanti mezzi corazzati fossero in efficienti condizioni all'inizio del 1939.

---

16 La Scuola della Gendarmeria fu trasferita da Durazzo a Burreli agli inizi di maggio del 1935.

Sanità

Presso le unità più importanti era aggregato personale del servizio di Sanità. Quattro Ospedali Militari (presumibilmente con sede a Scutari, Santi Quaranta, Tirana e Valona) assolvevano alle esigenze di tutto l'esercito albanese. Era disponibile anche un servizio Veterinario.

Riservisti

A differenza di quanto previsto in altri eserciti, in quello albanese le riserve erano costituite da volontari. Nel 1939 vi erano circa 8.000 uomini in battaglioni basati su dieci prefetture (Valona, Berat, Peshkopi, Durazzo, Elbasan, Argirocastro, Corcia, Kukës, Scutari, Tirana). I battaglioni di riservisti erano suddivisi in 2 o 3 compagnie di fanteria e, talvolta, comprendevano anche una compagnia di mitraglieri. Tali reparti avrebbero dovuto svolgere funzioni ausiliarie, soprattutto di retrovia, sebbene da alcuni di essi si attinse personale che fu direttamente inviato a rimpinguare unità sottodimensionate destinate a operare in linea. In aggiunta a questi volontari in uniforme vi erano poi delle milizie conosciute come *Shuma* (moltitudini), costituite nelle aree montane e rurali. Si trattava complessivamente di ben 30.000 combattenti in abiti civili, in taluni casi abbigliati con i costumi tipici delle regioni di provenienza, equipaggiati con armamenti di varia origine tra i quali fucili Vetterli Vitali e vetusti moschetti ad avancarica risalenti al periodo del dominio turco. Il grado dei 1.200 ufficiali delle *Shuma* era da considerarsi inferiore a quello di comandante di plotone nell'esercito regolare.

Battaglioni Femminili

Numerose giovani donne della capitale e della regione circostante erano arruolate in tre battaglioni femminili che portavano i nomi delle tre sorelle di Zog: Myzejen, Ruhije e Maxhide. Queste unità non avevano però nessun potenziale bellico poiché le attività praticate dalle ragazze che vi facevano parte consistevano esclusivamente nell'esibirsi in esercizi ginnici o nello sfilare, abbigliate in uniforme, in parata.

Aeronautica

Nell'imminenza dell'Operazione O.M.T. probabilmente l'Albania non disponeva di alcun velivolo idoneo ad essere utilizzato per scopi militari. Non è tuttavia possibile escludere la presenza di almeno un paio dei 5 aerei da ricognizione di produzione tedesca Albatros C.XV/L47 acquisiti negli anni Venti, impiegati essenzialmente per attività addestrative.

Marina

Intorno al 1938 la Marina albanese era costituita da circa 160 marinai, tra i quali 17 ufficiali. Quattro Capitanerie di porto avevano sede a San Giovanni di Medua, Durazzo, Valona e Santi Quaranta. Negli anni Trenta, oltre a una flottiglia di 4 M.A.S. (Motoscafo Armato Silurante) ottenuti dall'Italia e denominati *"Durrës"*, *"Sarandë"*, *"Tiranë"* e *"Vlorë"*, la Marina era anche dotata di due cannoniere, battezzate *"Shqipnija"* e *"Skënderbeu"*[17], entrambe originariamente delle dragamine germaniche. La

---

[17] Gjergj Kastrioti detto Skënderbeu (1405 – 1468), dal turco Iskander (Alessandro) e bey (titolo che indicava i sovrani di stati vassalli degli ottomani), altresì noto come Scanderbeg, è riconosciuto come il massimo eroe della nazione albanese. Dopo che i territori albanesi governati dal padre (Gjon I) furono posti sotto la sovranità del sultano Murad II, Scanderbeg, costretto a convertirsi all'Islam, si arruolò nell'esercito ottomano nell'ambito del quale divenne rapidamente uno dei più audaci condottieri. Mosso da un non sopito sentimento di rivalsa, nel 1443, in occasione della vittoria riportata sui turchi da una grande armata formata da polacchi, ungheresi e serbi guidata da János Hunyadi a Niš, lasciò il campo del sultano per fare ritorno in Albania. Liberata la città di Kruja dagli ottomani, Scanderbeg riabbracciò la fede cristiana e divenne comandante di un esercito di principi albanesi riuniti nella Lega di Alessio (Lezhë). I successi conseguiti nei confronti dei turchi dal 1444 al 1447 contribuirono a diffondere la sua fama nel resto d'Europa. Dopo aver sottoscritto un accordo di pace con Venezia, tentò invano di accorrere in aiuto alle truppe di Hunyadi, sconfitte a Kosovo Polje nel 1448 per mano di

prima era infatti una *Flachgehendeminensuchboote 16*, la seconda una *Flachgehendeminensuchboote 23*. Inefficienti dal 1935, le due navi non tornarono in servizio attivo negli anni seguenti. Nel 1939 anche i M.A.S. non furono più in grado di prendere il mare e in conseguenza di tale situazione, parte degli equipaggi dei battelli albanesi fu riorganizzata in un plotone di Fanteria di Marina.

La maggior parte delle forze descritte era stata assegnata a cinque zone operative ovvero, più specificatamente, a quattro Zone Militari e al Presidio di Durazzo. Nel 1939 la distribuzione dei reparti era la seguente:

Zona I (compresa tra la località di Milot e il corso del fiume Shkumbini)

- Battaglione di Fanteria *"Dajti"*
- Battaglione di Fanteria *"Deja"*
- Battaglione di Fanteria *"Korata"*
- Quattro batterie da 65/17
- Una compagnia zappatori – minatori
- Una stazione radiotelegrafica R3
- Riservisti (1.000 uomini)

Zona II (compresa tra la località di Milot e Scutari)

- Battaglione di Fanteria *"Gramos"*
- Battaglione di Fanteria *"Tarabosh"*
- Due batterie da 65/17
- Un battaglione della Gendarmeria
- Una stazione radiotelegrafica R3
- Riservisti (500 uomini)

Zona III (compresa tra i corsi dei fiumi Shkumbini e Voiussa)

- Battaglione di Fanteria *"Kaptina"*
- Battaglione di Fanteria *"Tomori"*
- Due batterie da 65/17
- Un battaglione della Gendarmeria
- Un plotone zappatori – minatori
- Una stazione radiotelegrafica R3
- Riservisti (numero imprecisato)

Zona IV (area di Santi Quaranta)

- Un battaglione della Gendarmeria
- Due battaglioni della Guardia di Confine
- Una stazione radiotelegrafica R3
- Riservisti (800 uomini)

Murad II. Nel 1451 stabilì un'alleanza con Alfonso V d'Aragona, re di Napoli. Dal 1457 al 1458 riportò altre grandi vittorie contro soverchianti forze turche. Papa Callisto III gli conferì l'appellativo di Atleta di Cristo, riconoscendolo come strenuo difensore della fede cristiana. Nel 1461 Scanderbeg si recò in Italia, in aiuto a Ferdinando I (figlio di Alfonso V), per combattere contro Giovanni d'Angiò. Dal 1462 al 1467 sconfisse a più riprese le truppe ottomane di Maometto II. Colpito dalla malaria morì invitto nella fortezza di Alessio proprio mentre Venezia, preoccupata dell'espansionismo turco verso il cuore dell'Europa, stava per offrirgli una proposta di alleanza.

Presidio di Durazzo

- Un battaglione della Gendarmeria
- Un battaglione della Guardia di Confine
- Una batteria da 75/13
- Una batteria costiera da 75/27
- Un plotone di Fanteria di Marina
- Una compagnia di zappatori – minatori
- Una stazione radiotelegrafica R3
- Riservisti (800 uomini)

Tutte le altre unità continuavano invece a dipendere dai rispettivi comandi superiori. Per ciò che concerne gli armamenti individuali e di squadra, le forze regolari albanesi avevano all'epoca a disposizione poco meno di 30.000 fucili (25.000 di produzione italiana, soprattutto Carcano, i rimanenti in gran parte dei Mannlicher - Schönauer) e un centinaio di mitragliatrici (principalmente Fiat 14/35 e Schwarzlose M07/12).

▲ Militari dell'esercito di Re Zog. Si noti la stretta somiglianza delle uniformi albanesi con quelle italiane.

▲ Un reparto albanese sfila davanti a Zog.

▼ La Principessa Myzejen alla testa del battaglione femminile che porta il suo nome.

▲ Il ministro degli Esteri italiano Galeazzo Ciano passa in rassegna un reparto di fanteria albanese. A sinistra il generale Xhemal Aranitasi, comandante dell'Esercito, a destra l'Aiutante di Campo di Zog, Zef Sereqi. Quest'ultimo, dopo l'annessione dell'Albania all'Italia, fu immesso nel ruolo dei generali di divisione in servizio permanente effettivo nel Regio Esercito.

▼ La batteria da 75/27 autotrasportata dell'esercito albanese. I veicoli che appaiono in questa immagine sono degli autocarri Fiat 15-ter.

▲ Un'altra immagine di un pezzo d'artiglieria autotrasportato albanese. Si tratta quasi certamente di un cannone da 75/27 mod. 1906 appartenente alla medesima batteria raffigurata nell'immagine precedente.

▼ La coppia reale albanese ritratta insieme alle tre sorelle del sovrano. L'invasione italiana del "Paese delle Aquile" costrinse all'esilio Zog e la sua consorte, la contessa ungherese Géraldine Apponyi.

L'OCCUPAZIONE ITALIANA DELL'ALBANIA

Secondo l'ordine di Operazione Oltre Mare Tirana, le colonne italiane del primo scaglione dovevano sbarcare all'alba del 7 aprile 1939. Alla Colonna di Durazzo era stata affidata la conquista di Tirana. Giunte a terra, le truppe agli ordini del generale Messe dovettero neutralizzare una determinata resistenza opposta da circa 500 militari albanesi, in gran parte appartenenti a un battaglione della Gendarmeria, affiancati da una compagnia zappatori – minatori e da elementi del Plotone di Fanteria di Marina acquartierato nella città portuale. Nei combattimenti si distinsero tra i difensori il maggiore della Gendarmeria Abaz Kupi e il sottufficiale di Marina Mujo Ulqinaku[18]. Al I battaglione del 47° Reggimento della Divisione di Fanteria *Murge* era stato assegnato il compito di presidiare Durazzo al fine di consentire alle truppe di Messe di lanciarsi in direzione della capitale albanese, ove sarebbero state raggiunte dal reggimento di formazione di Granatieri (formato con reparti del 3° Reggimento) su due battaglioni (trasportato per via aerea) comandato dal colonnello Mannerini. La colonna di Messe fece il proprio ingresso a Tirana l'8 aprile in mattinata. A San Giovanni di Medua, le due compagnie del Battaglione *San Marco* costituirono una iniziale testa di sbarco dalla quale le altre unità del colonnello Scattini poterono muovere in direzione delle mete designate, Alessio e Scutari. L'avanzata del XXVIII Battaglione Bersaglieri su Alessio, presa nelle prime ore del pomeriggio del 7 aprile, fu temporaneamente arrestata da una formazione di 150 albanesi. Alle ore 16,30 dell'8 aprile le truppe della colonna raggiunsero Scutari. I due battaglioni di Camicie Nere (XL e LXXVI) assegnati al contingente del colonnello Bernardi erano deputati ad assicurare in un primo momento il controllo di Valona e successivamente quello di Fieri. Obiettivo primario della colonna di Valona era l'occupazione della zona petrolifera del bacino del Devoli. Lo sbarco italiano fu ostacolato dall'azione di elementi della Gendarmeria albanese, immediatamente controbattuta dall'intervento delle artiglierie di un cacciatorpediniere e dalle armi automatiche dei Bersaglieri. Durante l'avanzata, le Camicie Nere e i fanti piumati ebbero la meglio sui difensori in altri scontri sostenuti prima presso Valona e in seguito nelle vicinanze di Bestrova. Anche la colonna del colonnello Carasi, incaricata di impossessarsi di Delvina e Argirocastro, beneficiò dell'appoggio di reparti del Battaglione *San Marco* per la presa del porto di Santi Quaranta, località difesa da elementi della Gendarmeria. Constatata l'impossibilità di resistere fin dall'inizio dell'invasione, Re Zog, la Regina Géraldine e il loro primogenito Leka, venuto alla luce solo due giorni prima, ripararono in Grecia per poi trovare asilo in Gran Bretagna. Nell'arco di settantadue ore, le forze italiane riuscirono a occupare tutti gli obiettivi prefissati. Il 13 aprile 1939 il Corpo di Spedizione italiano fu ribattezzato Comando Corpo d'Armata d'Albania.

---

18 Un monumento collocato a Durazzo ricorda la figura di Mujo Ulqinaku, caduto negli scontri del 7 aprile 1939.

L'UNIONE ITALO - ALBANESE

L'occupazione italiana inaugurò una nuova fase storica nell'ambito dei rapporti tra le due sponde dell'Adriatico, legate da numerose vicende comuni nel corso dei secoli precedenti. In concomitanza con l'avanzata delle truppe italiane in territorio albanese era stato costituito un Comitato esecutivo provvisorio presieduto da Xhafer Ypi, personalità incaricata di convocare un'Assemblea costituente che avrebbe chiesto a Vittorio Emanuele III di accettare la Corona d'Albania. Il 16 aprile 1939 con l'assenso formale del sovrano sabaudo il "Paese delle Aquile" fu così annesso all'Italia nella forma di unione personale. Il potere esecutivo passò di fatto al Re che nominò Francesco Jacomoni di San Savino, già plenipotenziario d'Italia a Tirana, Luogotenente generale del Regno per l'esercizio dei poteri regi[19]. A presiedere il nuovo Governo albanese fu chiamato Shefqet Vërlaci[20]. Il 18 aprile 1939 con il Regio Decreto n. 624 fu istituito il Sottosegretariato di Stato per gli Affari albanesi, un organo direttamente dipendente dal Ministero degli Affari esteri di Roma, alla cui guida fu nominato Zenone Benini. Fu stabilito che ai cittadini dei due stati sarebbero stati garantiti i diritti che essi già godevano sul rispettivo territorio nazionale. Il 2 giugno 1939 si formò il Partito Fascista Albanese (Partia Fashiste Shqiptare), diretta filiazione del Partito Nazionale Fascista. L'ordinamento della formazione politica schipetara era identico a quello del partito italiano e comprendeva pertanto anche un'organizzazione che curava la preparazione militare, fisica e morale di ragazzi e ragazze d'oltre Adriatico, la Gioventù Albanese del Littorio. Il nuovo statuto del Regno d'Albania[21], in vigore dal 4 giugno 1939, sancì l'istituzione del Consiglio Superiore Fascista Corporativo, modellato sull'esempio della Camera dei Fasci e delle Corporazioni. Il nuovo organo si sostituì al soppresso Parlamento albanese ma non essendo stato dotato del potere legislativo, concentrato nelle mani del Re, esercitò una mera funzione consultiva. L'annessione ebbe rilevanti conseguenze anche in altri campi. Si diede vita a un'unione doganale tra i due Paesi e fu stabilita una parità fissa fra il franco albanese e la lira italiana. L'attività economica ricevette ulteriore impulso dall'avvio di un importante programma di lavori pubblici. Numerose furono le iniziative di carattere culturale e scientifico promosse dal Governo di Roma in Albania. Personalità albanesi divennero membri di varie accademie e università italiane. I giovani, soprattutto i più meritevoli, poterono recarsi a studiare in Italia. Fu mantenuta la libertà di culto, tutelata dalla Costituzione albanese del 1928. Tale condizione favorì l'invio dall'Italia di missioni cattoliche in un Paese che la dominazione ottomana aveva reso prettamente musulmano. L'unione tra i due Stati comportò rilevanti novità anche in ambito militare: il 13 luglio 1939, con la legge n. 1115, le forze armate albanesi furono integrate in quelle italiane e nove giorni dopo fu costituito il Comando Superiore Truppe Albania.

---

19 Al 14 aprile 1939 risale la seguente proposta di testo normativo, riaffermata nella legge n. 580 promulgata il 16 aprile 1939: "Art. 1 - Il Re d'Italia, avendo accettato la Corona d'Albania, assume per sé e per i suoi successori il titolo di Re d'Italia e d'Albania, Imperatore di Etiopia. Art. 2 - Il Re d'Italia e d'Albania, Imperatore di Etiopia, sarà rappresentato in Albania da un Luogotenente generale, che risiederà a Tirana".
20 Shefqet Vërlaci e altri esponenti politici albanesi come Gjon Marka Gjoni, Mustafà Merlika Kruja e Vangjel Turtulli furono nominati senatori del Regno d'Italia nel 1939.
21 Lo Statuto Fondamentale del Regno d'Albania riaffermava la decisione di assunzione della Corona da parte del Re d'Italia e l'attribuzione dei poteri all'autorità regia, ribadiva l'adozione di una forma di governo monarchico costituzionale, illustrava i principi sui quali si basava l'ordinamento giudiziario, definiva i diritti e i doveri dei cittadini.

LE UNITA' ALBANESI DEL REGIO ESERCITO

Con la fusione delle forze armate dei due Paesi, i militari albanesi, tra i quali un buon numero di ufficiali e sottufficiali, furono ammessi a servire non solo nel Regio Esercito ma anche nella Regia Aeronautica e nella Regia Marina[22]. Il 24 maggio 1939 il Governo di Tirana affidò al generale di Divisione dei Carabinieri Crispino Agostinucci il comando generale della Gendarmeria. I gendarmi albanesi furono successivamente integrati nell'Arma, ordinata dal 17 ottobre 1939 come segue: Comando Superiore Carabinieri Reali d'Albania (Tirana, agli ordini del generale Agostinucci), Legione Territoriale di Tirana (gruppi di Tirana, Scutari, Durazzo, Elbasan, Peshkopi, Kukës), Legione Territoriale di Valona (gruppi di Valona, Berat, Argirocastro, Corcia)[23], per un complesso di 31 compagnie, 42 tenenze, e più di 200 stazioni. Le file dei Carabinieri si ingrossarono ulteriormente con l'arrivo di numerosi militari dall'Italia. Con l'avvio delle operazioni contro la Grecia, alle sezioni assegnate alle Grandi Unità si aggiunsero un battaglione formato da italiani e albanesi, costituito con personale di entrambe le Legioni, e un plotone proveniente dalla Legione di Tirana posto alle dipendenze della Divisione di Fanteria "*Siena*"[24]. Il 28 novembre 1940 fu dato il via a un riordinamento dell'Arma che condusse alla costituzione di due Comandi Carabinieri d'Armata[25] (9ª e 11ª), tre battaglioni Carabinieri, dei quali uno per il Comando Superiore Forze Armate Albania, uno per la 9ª Armata e uno per l'11ª Armata, uno Squadrone Carabinieri per il Comando Superiore Forze Armate Albania, due battaglioni Carabinieri per esigenze di copertura e dieci battaglioni territoriali Carabinieri. Questi ultimi reparti furono impiegati anche in combattimento. La conclusione delle campagne sui fronti dei Balcani ebbe come conseguenza una riduzione degli effettivi. Alla fine del 1942 il Comando Superiore Carabinieri Reali d'Albania comprendeva le Legioni di Tirana e Valona, cinque battaglioni (IV, VII, XIII, XVII e XXVII), Carabinieri del IV e del XXV Corpo d'Armata[26], del Quartier Generale del Comando Superiore Forze Armate Albania, della Regia Aeronautica d'Albania. All'inizio della primavera del 1943 si dispose il congedo dei Carabinieri albanesi, decisione che comportò l'inevitabile scioglimento delle Legioni di Tirana e Valona[27]. La Guardia di Confine albanese fu invece inglobata nella Guardia di Finanza italiana[28]. Il 30 aprile 1939, fu costituito il Comando Regia Guardia di Finanza d'Albania al cui vertice fu posto il colonnello Enrico Palandri.

---

22 Le Accademie militari italiane formarono gran parte degli ufficiali albanesi.
23 Molti albanesi portarono gli alamari. Merita di essere citato il Carabiniere Gjanaj Rahman della Legione di Tirana, decorato con Medaglia d'Oro al Valor Militare (Alla Memoria), caduto a Lurth di Perlati il 21 novembre 1940 nel corso di un'azione condotta insieme a due commilitoni più giovani contro un gruppo di sei pericolosi fuorilegge.
24 Al 28 ottobre 1940, quasi la metà degli ufficiali e dei sottufficiali e circa due terzi degli appuntati e dei Carabinieri in servizio presso le due Legioni Territoriali dell'Arma erano costituiti da militari di nazionalità albanese. Il 20 maggio 1940 il XXVI Corpo d'Armata italiano comprendeva 2.966 Carabinieri albanesi. Il 20 febbraio 1941 operavano sul territorio 2.409 albanesi dell'Arma (58 ufficiali). Sotto la data del 12 aprile gli effettivi salirono a 2.478 (57 ufficiali).
25 La 9ª e l'11ª Armata furono costituite il 9 novembre 1940 e subordinate al Comando Superiore Forze Armate Albania, di nuova istituzione. Quest'ultima denominazione fu poi assunta dalla 9ª Armata il 1 luglio 1941.
26 Giova ricordare che a partire dal 22 ottobre 1940 il Comando del XXVI Corpo d'Armata, diretta trasformazione del Comando Corpo d'Armata d'Albania, smise di esercitare le funzioni ereditate dal Comando Superiore Truppe Albania, sciolto il 1 dicembre 1939. Assunse infatti una fisionomia più ristretta e cedette parte delle divisioni ad esso subordinate al neocostituito Corpo d'Armata "*Ciamuria*", ridenominato XXV Corpo d'Armata il 9 novembre 1940.
27 Contestualmente al congedo dei militari albanesi fu avanzata un'ipotesi di riordinamento che avrebbe ridisegnato il dispositivo dell'Arma in Albania, incentrato su un Comando Carabinieri Reali, tre raggruppamenti (dei quali solamente uno già esistente), nove battaglioni (cinque dei quali da creare ex novo), una compagnia autonoma. Tale intendimento fu perseguito tuttavia solo in parte, ostacolato probabilmente anche dal precipitare degli eventi che condussero all'Armistizio.
28 Nel maggio del 1940, le unità della Guardia di Finanza assegnate al XXVI Corpo d'Armata italiano annoveravano nelle proprie file 955 albanesi (58 ufficiali). Il 20 febbraio 1941 il numero di coloro presenti sul territorio scese a 697 (40 ufficiali). Il 12 aprile 1941 gli albanesi con le fiamme gialle erano 693 (invariato il numero degli ufficiali).

Nella primavera del 1940 fu predisposto un piano per l'impiego delle unità di finanzieri dislocate nel "Paese delle Aquile". Il confine con la Grecia fu suddiviso in due settori (Circolo di Argirocastro e Circolo di Corcia) comprendenti sottosettori (dei quali erano responsabili le compagnie) e sezioni di vigilanza (di competenza delle tenenze), con la presenza di un battaglione. La frontiera jugoslava fu a sua volta suddivisa in tre settori (Circolo di Kukës, Circolo di Librazhd e Circolo di Scutari), anch'essi frazionati in sottosettori e sezioni di vigilanza. La costa albanese fu ripartita in quattro settori (Durazzo, Porto Edda, San Giovanni di Medua e Valona), ciascuno diviso in dieci sottosettori. Nell'estate 1940 fu decisa la creazione di tre battaglioni con organici già disponibili in Albania, personale richiamato dall'Italia e militari albanesi della soppressa Guardia di Confine. In vista dell'attacco alla Grecia, alcuni reparti furono aggregati alle divisioni italiane. La difficile situazione venutasi a creare nel novembre 1940 indusse alla formazione di un nuovo battaglione, il I, e all'invio al fronte del III battaglione. Le esigenze legate alla sorveglianza delle più ampie frontiere albanesi risultanti dall'esito delle operazioni contro Grecia e Jugoslavia imposero la creazione di ben sette battaglioni (IV, V, VI, VII, VIII, IX e X). Di questi, il IV, il IX e il X furono posti alle dipendenze della 2ª Armata italiana incaricata dell'occupazione di Slovenia e Dalmazia. Altri battaglioni dipesero dal Comando Superiore Forze Armate Albania: il III (a Dibra, Macedonia) e il VII (a Prizren, Kosovo) furono assegnati al XIV Corpo d'Armata, il II (a Cattaro, Montenegro) e il VI (a Cettigne, Montenegro) entrarono a far parte del XVII Corpo d'Armata, il I fu dislocato nell'isola di Corfù (Grecia). Dalla fine del 1942 e fino all'8 settembre 1943, la Guardia di Finanza d'Albania comprendeva la Legione di Scutari su tre battaglioni (Dibra, Durazzo, Scutari) e una stazione naviglio (Durazzo), la Legione di Tirana su quattro battaglioni (Argirocastro, Corcia, Tirana, Valona) e una stazione naviglio (Valona), il III Battaglione (a Tetovo, Macedonia), il VII Battaglione (a Prizren) e il XV Battaglione (a Peja, Kosovo). In Albania operò anche un Corpo Armato di Polizia (che nel 1941 era diretto da un ispettore italiano) caratterizzato da un'ampia presenza di funzionari, sottufficiali e agenti italiani, istituito con decreto luogotenenziale del 31 agosto 1939. Due anni e mezzo dopo si diede inizio a una riorganizzazione principalmente volta ad incrementare la presenza di schipetari nelle file della polizia. Degli oltre 500 sottufficiali e agenti in servizio nel Corpo, moltissimi furono quelli di nazionalità albanese. Di seguito saranno esaminate in maggiore dettaglio le unità appartenenti ad armi, corpi e specialità del Regio Esercito esclusivamente o in buona parte costituite da militari albanesi[29].

Battaglioni di Fanteria albanesi

Sei dei sette battaglioni di Fanteria già in forza all'Esercito di Re Zog furono incorporati nel Regio Esercito italiano. Sulla carta, la forza complessiva di ciascuno di questi reparti era di circa 800 uomini, distribuiti su una compagnia comando, tre compagnie fucilieri (ognuna su un plotone comando e tre plotoni fucilieri) e una compagnia mitraglieri (su quattro plotoni). L'armamento era sostanzialmente quello all'epoca in uso alle fanterie italiane sebbene non contemplasse di norma una sufficiente dotazione di armi d'accompagnamento ad eccezione di un limitato numero di mortai Brixia Mod. 35 da 45 mm e di mitragliatrici Breda da 8 mm Mod. 37. I battaglioni albanesi *"Gramos"* e *"Dajti"* furono assegnati rispettivamente al 47° e al 48° Reggimento della Divisione di Fanteria da Montagna *"Ferrara"* e impiegati fin dall'inizio delle ostilità con la Grecia. La *"Ferrara"* doveva impossessarsi del nodo stradale di Kalibaki per poi marciare verso Gianina. L'avanzata delle fanterie del Regio Esercito, appoggiate dalla Divisione Corazzata *"Centauro"* doveva svilupparsi lungo due direttrici. Alla

---

29 Al 20 maggio 1940 una forza complessiva di 6.459 militari di nazionalità albanese era presente nelle divisioni di Fanteria da montagna del Regio Esercito inquadrate nel XXVI Corpo d'Armata italiano, ripartita come segue: 1.995 uomini (62 ufficiali) nella Divisione *"Venezia"*, 1.984 uomini (56 ufficiali) nella Divisione *"Ferrara"*, 2.480 uomini (65 ufficiali) nella Divisione *"Arezzo"*. Sotto la medesima data vi erano 17 albanesi (12 ufficiali) nella Divisione di Fanteria Alpina *"Julia"* e 5 albanesi (tutti ufficiali) nella Divisione Corazzata *"Centauro"*.

"Colonna Trizio", che muoveva da nord, fu aggregato il battaglione *"Dajti"*, nella *"Colonna Sapienza"*[30], che procedeva più a sud, fu integrato il battaglione *"Gramos"*. Entrambi i reparti furono coinvolti nei primi impegnativi combattimenti. Il 225° e il 226° Reggimento della Divisione di Fanteria da Montagna *"Arezzo"* incorporarono rispettivamente i battaglioni albanesi *"Kaptina"* e *"Korata"*[31]. Dislocata fin dal maggio 1940 nella zona di Scutari, con l'inizio delle operazioni contro la Grecia la *"Arezzo"* si spostò nelle vicinanze di Peshkopi e alla fine di ottobre si posizionò a sud-est del lago di Ocrida. I reparti albanesi raggiunsero in molti casi le proprie destinazioni provati da estenuanti marce a piedi. In un rapporto datato 14 novembre 1940 a firma di un consigliere di polizia italiano, inviato al generale Ubaldo Soddu, comandante superiore delle truppe in Albania, si legge: *"La mattina dell'11 corrente ha transitato per Tirana, proveniente da Scutari, un battaglione di militi albanesi al comando del maggiore Fuad Dibra. Hanno dato impressione di scarso spirito militare e deficiente equipaggiamento. Tutti i gregari di tale reparto compresi comandante e ufficiali ad eccezione di quei due o tre che hanno fatto scuola militare in Italia hanno mostrato di essere disinteressati alla guerra"*. Il maggiore albanese citato nel testo, a quel tempo comandante del battaglione *"Korata"*, protestò vivacemente per la mancanza di disponibilità di automezzi per i lunghi trasferimenti. Si trattava a ben vedere di un problema che attanagliò molti reparti del Regio Esercito durante la campagna di Grecia. È noto che il conflitto contro la Grecia non godesse di grande popolarità tra i fanti albanesi. A tale fragilità di ordine morale si accompagnavano sovente una preparazione insufficiente degli ufficiali e un lacunoso addestramento delle truppe. Carenze di questo genere inficiarono in misura ancor più drammatica il rendimento del battaglione albanese *"Tomori"*, assegnato all'83° Reggimento[32] della Divisione di Fanteria da Montagna *"Venezia"*, che nell'imminenza dell'attacco alla Grecia era schierata tra le località di Trebishti e Bilishti, nelle vicinanze dei laghi di Prespa e Ocrida. Il 3 novembre 1940 la Divisione italiana era in linea. Partito dalla zona di Librazhd, anche il *"Tomori"* raggiunse la propria destinazione, nei pressi di Bitinckë, dopo una faticosa marcia. Il battaglione, forte di 834 uomini (12 ufficiali), dopo essersi portato nei pressi del Monte Vipiakut, doveva puntare su Vërnik e conquistare il costone Lapishtit - Strene. L'azione, fissata per le ore 6,45 del 4 novembre, progredì finché fu sostenuta dall'artiglieria e dal tiro delle armi di accompagnamento poiché ben presto le truppe albanesi avanzanti allo scoperto furono bersagliate dal fuoco d'infilata delle mitragliatrici greche. Privo di riparo, il grosso dell'unità ripiegò disordinatamente sbandandosi. Poco prima delle ore 14,00 il maggiore albanese Spiro Koxhobashi, comandante del *"Tomori"*, comunicò al colonnello Ferdinando Graziani, comandante dell'83° Reggimento, che insieme a una decina di ufficiali e un centinaio di soldati restava ancora in linea. Considerata l'impossibilità di conservare le posizioni raggiunte, i resti del reparto furono richiamati nelle retrovie. Nell'84° Reggimento di Fanteria della *"Venezia"* fu invece inquadrato il battaglione albanese *"Tarabosh"* che per qualche tempo rimase acquartierato a Tirana insieme al 3° Reggimento *"Granatieri di Sardegna"* che ne curò anche l'addestramento. A seguito della débâcle del *"Tomori"* e quindi al fine di scongiurare il ripetersi di fenomeni che le autorità militari italiane valutarono come preoccupanti manifestazioni di disobbedienza dei militari albanesi, anche il battaglione *"Tarabosh"* fu distolto dall'impiego in linea e incaricato dell'esecuzione di lavori stradali. Se i comandi italiani in Albania finirono per ritenere inaffidabili le unità di fanteria costituite da elementi locali, sulle modalità di impiego di tali formazioni non mancarono rimostranze da parte albanese, maggior interprete delle quali fu probabil-

---

30 I colonnelli Trizio e Sapienza erano rispettivamente al comando del 47° e 48° Reggimento della Divisione *"Ferrara"*.
31 Separati dalla Divisione *"Arezzo"*, i battaglioni *"Kaptina"* e *"Korata"* erano stati successivamente posti alle dipendenze della Divisione *"Julia"* e dall'agosto del 1940 riuniti in un raggruppamento al comando del colonnello albanese Prenk Pervizi.
32 Fino al maggio 1940 il *"Tomori"* dipese dall'84° Reggimento di Fanteria con sede a Elbasan, essendo solo alle dipendenze amministrative dell'83°.

mente il colonnello Prenk Pervizi[33] che lamentò un utilizzo eccessivamente spregiudicato dei reparti schipetari aggregati alle divisioni italiane. Il rendimento offerto dai battaglioni albanesi impiegati in linea fu oggetto di un rapporto redatto dal generale Ubaldo Soddu, inviato al Sottocapo di Stato Maggiore, generale Mario Roatta. Il giudizio del comandante superiore delle truppe in Albania appare severo ma equilibrato: pur tenendo in debita considerazione fattori quali la scarsa qualità della maggioranza degli ufficiali e l'inconsistenza del morale, non trascura le difficili situazioni tattiche nelle quali talvolta i soldati albanesi si trovarono ad operare. Soddu sottolineò che non essendo mancati militari rimasti saldamente in linea, sussisteva la convinzione di poter contare su elementi più efficaci al termine di un valido addestramento. Con ciò che restava dei 6 Battaglioni di Fanteria e delle 4 Batterie da 75/13, si costituì a Shijak un raggruppamento denominato Gruppo *"Scanderbeg"*[34]. A un reggimento di formazione su due battaglioni costituito con elementi del Gruppo fu affidata la difesa delle coste albanesi nei pressi di Scutari poco prima dell'inizio del conflitto con la Jugoslavia. La fanteria albanese vestiva l'uniforme italiana. Rimase diffuso l'uso del *plisa* o *qeleshe*, il classico copricapo bianco locale. È peraltro documentato l'uso in combattimento dell'elmetto italiano M33. Al bavero, almeno in teoria, dovevano essere applicate le mostreggiature dei reggimenti italiani in cui furono inseriti i battaglioni schipetari. La circolare n. 108300 Gab. del 2 marzo 1940 prescriveva l'adozione di particolari stellette per i militari albanesi del Regio Esercito[35], distinguibili da quelle italiane poiché sormontate dall'elmo di Scanderbeg (come stabilito per la Guardia Reale albanese) e realizzate in metallo bianco. Tale disposizione non ebbe però immediata applicazione, pertanto all'inizio delle operazioni contro la Grecia le uniformi dei soldati albanesi erano ancora corredate delle tradizionali stellette italiane.

Battaglioni Volontari Regionali Albanesi
All'inizio dell'autunno del 1940 la Luogotenenza Generale del Re valutò l'opportunità di costituire otto formazioni di volontari provenienti da varie regioni dell'Albania alle quali sarebbe stato demandato il compito di proteggere e agevolare l'avanzata italiana in territorio greco, avvalendosi della proverbiale abilità degli albanesi nel combattimento in montagna. Alla testa di ciascuna unità sarebbe stato posto un maggiore albanese o un'autorevole esponente della comunità locale, di fatto subordinato a un ufficiale italiano (superiore o di pari grado). I Battaglioni Volontari Regionali Albanesi avrebbero dovuto constare di un comando e tre (o quattro) compagnie. In realtà, considerata l'esiguità del tempo disponibile per il reclutamento e l'addestramento degli uomini, fu possibile costituire solo sei battaglioni rispetto agli otto inizialmente previsti[36]. Non essendo state emanate circostanziate direttive in merito all'uniforme da adottare, i volontari avrebbero dovuto vestire il costume tipico della regione di provenienza e portare al braccio destro una fascia con i colori della bandiera albanese (rosso e nero) ornata centralmente da una stelletta di metallo collocata su una

---

33 Colonnello di fanteria albanese, ammesso a decorrere dal 18 dicembre 1939 nei ruoli del Regio Esercito italiano, nel 1940 Prenk Pervizi fu assegnato al comando italiano del settore di Corcia. Frequentò con profitto l'Accademia Militare di Vienna (1914 - 1918) e la Scuola di Guerra di Torino (1930 -1933). Nel biennio 1935 – 36 fece parte della Commissione internazionale di osservatori stranieri nella guerra d'Etiopia. Il 16 gennaio 1941 fu nominato Cavaliere dell'Ordine dei SS. Maurizio e Lazzaro. Nel 1942 fu promosso generale di brigata e nell'ottobre del 1943, con il grado di generale di divisione, divenne ministro della Difesa nel governo del nuovo stato albanese.
34 Più precisamente, sotto la data del 24 novembre 1940 il Comando Superiore Truppe Albania ordinò la costituzione del Gruppo Battaglioni Albanesi *"Scanderbeg"*, agli ordini di Alfredo D'Andrea, già comandante della Guardia Reale Albanese di stanza a Roma. I primi reparti trasferiti al nascente Gruppo furono i Battaglioni *"Tomori"*, *"Gramos"* e *"Kaptina"*.
35 Le stellette con l'elmo di Scanderbeg adornarono anche le uniformi degli albanesi in servizio presso la Regia Aeronautica e la Regia Marina. Nel primo caso le stellette albanesi, in metallo bianco, erano applicate sul bavero, nel secondo caso, realizzate in filo bianco, erano portate sul solino. Fu altresì prevista l'adozione di distintivi e fregi caratteristici delle forze armate italiane.
36 Furono arruolati circa 1.000 uomini. Considerata l'insufficiente disponibilità di personale le unità formate con i volontari non potevano essere considerate dei veri e propri battaglioni, essendo tali di nome ma non di fatto.

coccarda tricolore italiana. Un'altra ampia fascia rossa e nera avrebbe dovuto cingere la vita mentre i distintivi di grado del Regio Esercito sarebbero stati apposti a sinistra sul petto. È comunque possibile che alcuni reparti abbiano fatto uso di capi di vestiario militare più adeguato di fattura italiana, la cui distribuzione era stata messa in preventivo. Il 28 ottobre 1940 il I e il II Battaglione, formati da volontari albanesi di origine ciamuriota[37], si trovavano all'estremità occidentale dello schieramento italiano, per essere impiegati in appoggio al *"Raggruppamento del Litorale"* guidato dal generale Carlo Rivolta, comprendente il 3° Reggimento *"Granatieri di Sardegna"*, il 7° Reggimento di Cavalleria *"Lancieri di Milano"* e il 6° Reggimento di Cavalleria *"Lancieri di Aosta"* e alla Divisione di Fanteria *"Siena"*, unità inclusa nel XXV Corpo d'Armata. Alle forze che muovevano lungo la fascia costiera era stato assegnato l'obiettivo di creare una testa di ponte sul fiume Kalamas, condizione essenziale per procedere alla conquista di Preveza, Louros e Arta. Il I Battaglione Volontari, agli ordini del maggiore Aziz Çami coadiuvato dal maggiore italiano Francesco Pescosolido, fu in un primo momento posto a supporto della Cavalleria italiana. Il II Battaglione Volontari, comandato dal maggiore Skënder Çami, agì invece fin da subito aggregato al 3° Reggimento Granatieri, in conformità agli ordini impartiti dall'Ufficiale Superiore a disposizione del Comando reggimentale, maggiore Ugo Chiaravalli. Il comandante del II Battaglione riferì in un resoconto scritto che, dopo aver superato la prima linea di resistenza ellenica, i suoi soldati transitarono in vari villaggi della Ciamuria. In quei luoghi, abitati in gran parte da albanesi, la popolazione fornì ulteriori volontari al reparto che vide così accrescere la propria consistenza. Posto in prima schiera e forte di 300 uomini, il battaglione registrò altri successi contro il nemico e fu tra le prime unità a passare il Kalamas. In concomitanza con l'avvio della controffensiva greca il I e il II battaglione furono riuniti in un unico gruppo[38] ma nel volgere di breve tempo gli uomini, pressoché privi di viveri e munizioni, furono condotti nelle retrovie e posti in congedo. Il III Battaglione (costituito ad Argirocastro) fu aggregato alla Divisione di Fanteria *"Siena"* con i suoi 90 uomini agli ordini del capitano Buonaccorsi. Il IV Battaglione Volontari albanesi (costituito a Permeti) fu posto alle dipendenze della Divisione *"Ferrara"*. Fino a metà novembre del 1940, quando si ebbe modo di aumentare almeno in parte gli effettivi, la composizione numerica del IV Battaglione[39] equivalse a quella di una compagnia. Alla Divisione Alpina *"Julia"* fu assegnato il V Battaglione Volontari (costituito a Leskovik). Il reparto si dissolse durante la strenua difesa della conca di Konitza che era stata occupata per facilitare la progressione degli Alpini in direzione di Metsovo. Il 4 novembre 1940 il VI Battaglione comandato dal maggiore Vehip Runa formato da un centinaio di combattenti originari del Kurvelesh (zona dell'Albania meridionale) si concentrò a Ersekë da cui mosse alla conquista di alcune località greche situate alle pendici del massiccio del Gramos, tra le quali Plikati e Denisko[40]. Anche quest'ultima formazione non poté

---

37 L'opportunità di impiegare le unità albanesi a fianco di quelle italiane nella campagna di Grecia derivava anche da intenti propagandistici. La creazione di una "Grande Albania" realizzabile attraverso l'annessione di territori situati entro i confini greci e jugoslavi abitati in gran parte da popolazioni di etnia albanese era infatti un chiaro obiettivo dell'Italia. La stampa locale e quella italiana erano impegnate da tempo a sostenere risolutamente le ragioni del movimento irredentista schipetaro della Ciamuria, un territorio compreso tra la frontiera meridionale dell'Albania, il litorale jonico fino alla città di Prevesa e la regione di Gianina. Fu in particolare Galeazzo Ciano ad assumere il ruolo di nume tutelare dell'Albania. In alcuni ambienti romani si sussurrava ironicamente che il Ministro degli Affari Esteri italiano intendesse trasformare il "Paese delle Aquile" in una riedizione del Granducato di Toscana ovvero in un suo feudo personale. La Ciamuria non fu tuttavia annessa all'Albania dopo la capitolazione della Grecia.
38 L'11 novembre 1940 la formazione di Skënder Çami passò a disposizione del XXV Corpo d'Armata italiano.
39 Il maggiore di Cavalleria Mario Grandi (decorato con medaglia di bronzo al V.M.) guidò con successo diverse azioni del IV Battaglione Volontari Albanesi.
40 L'inadeguatezza del vestiario e l'insufficiente organico furono alcuni dei fattori che penalizzarono le unità di volontari impiegate al fronte. La portata di tali difficoltà può essere efficacemente desunta dalle considerazioni conclusive contenute in un rapporto datato 16 novembre 1940 del maggiore albanese Runa, inviato al comandante della Divisione di Fanteria *"Bari"*. Vi si legge testualmente: *"Eccellenza, il sesto battaglione composto dai Kurveleshas si compone di circa un centinaio di persone. Una forza di cento persone non può affrontare nemmeno un posto di guardia ed a maggior ragione non può sostenere una offensiva ed affrontare un nemico con forze modernizzate ed in numero molto superiore. Perciò Vi prego se è possibile*

tuttavia eludere la medesima sorte toccata alle altre: tutte si sciolsero o furono ritirate dal fronte prima dell'arrivo dell'inverno. Alcune decine di ciamurioti non inquadrati nei Battaglioni Volontari furono impiegate per svolgere compiti di guida e sabotaggio.

Battaglioni Mitraglieri Contraerei da Posizione albanesi
Una circolare datata 31 maggio 1940 stabilì la costituzione a Tirana e a Berat di due battaglioni mitraglieri contraerei da posizione albanesi (denominati I e II), strutturati ciascuno su Comando, quattro (o cinque) compagnie e quattro (o cinque) plotoni di avvistamento. Quasi certamente i militari di queste unità vestivano la classica uniforme italiana completata dalle mostrine bianche e rosse dei battaglioni mitraglieri, sulle quali avrebbero dovuto essere apposte le stellette albanesi.

Batterie d'artiglieria albanesi
Nel 1940 il Regio Esercito annoverava quattro batterie da 75/13, ognuna su 4 pezzi, servite da personale albanese. Una di queste, la Batteria *"Drin"*[41], era incorporata nel 14° Reggimento Artiglieria della Divisione *"Ferrara"* allo scoppio delle ostilità con la Grecia. Una batteria d'accompagnamento da 75/13 agli ordini del tenente albanese Lama era inquadrata nel 6° Reggimento di Cavalleria *"Lancieri di Aosta"*, impiegato sul fronte greco-albanese. Sotto la data del 20 maggio 1940 risultavano in servizio presso l'artiglieria del XXVI Corpo d'Armata italiano 638 militari albanesi, 30 dei quali ufficiali. Una circolare datata 26 aprile 1942 diede luogo alla costituzione della 275ª Batteria da 75/27 *"Semani"* della Guardia alla Frontiera, formata da personale dell'omonima disciolta batteria da 75/13. Gli uomini di questa unità indossavano uniformi italiane recanti probabilmente al bavero le mostrine verdi a una punta filettate di giallo caratteristiche della artiglieria della Guardia alla Frontiera, rifinite con le stellette albanesi. Sotto la data del 20 giugno 1943 la batteria albanese appare assegnata al *"Sottosettore Scutari"* (*Settore Guardia alla Frontiera "Z" Scutari – Kosovo* con quartier generale a Prizren).

Gruppo Squadroni albanese del 7° Reggimento di Cavalleria *"Lancieri di Milano"*
Il 7° Reggimento di Cavalleria *"Lancieri di Milano"*, dislocato in Albania nel giugno 1940, incorporò un Gruppo Squadroni albanese[42].

Personale albanese del Genio
Pur essendo stata pianificata la costituzione di due compagnie del genio[43] con personale albanese, non vi sono certezze sull'effettiva esistenza di queste unità. È tuttavia assodato che al 20 maggio 1940, 250 genieri albanesi (7 ufficiali) operavano nel XXVI Corpo d'Armata italiano.

Personale albanese dei Servizi del XXVI Corpo d'Armata italiano
Il 20 maggio 1940 ben 1.183 (99 ufficiali) albanesi erano inquadrati nei Servizi del XXVI Corpo d'Armata italiano. Nel *"Raggruppamento del Litorale"* operò un reparto di salmerie albanese adibito al trasporto di viveri e rifornimenti vari.

---

di ordinare dove è necessario che il mio battaglione sia aumentato di 400-500 persone Albanesi, dalle regioni di Kurveleshi o Skrapar e sia munito di tutti i mezzi necessari che la guerra di oggi richiede, come anche provvisto di viveri e vestiario. Perché nelle condizioni attuali non sarei in grado affatto di poter dare il mio contributo".

41 Le altre batterie albanesi da 75/13 erano denominate *"Mathi"*, *"Vjosë"* e *"Semani"*. Sotto la data del 1° novembre 1939 erano assegnate rispettivamente al 3° Reggimento Artiglieria da Montagna, al 30° Reggimento Artiglieria e al 19° Reggimento Artiglieria.

42 Originariamente costituito come plotone di Cavalleria albanese del Gruppo Squadroni *"Aosta"*.

43 Si veda Marenglem Kasmi, *"Lufta italo-greke 1940-1941 dhe të rënët grekë në Shqipëri"*, https://alb-spirit.com/2017/01/13/lufta-italo-greke-1940-1941-dhe-te-renet-greke-ne-shqiperi/.

Gli *"Irregolari di Bottai"*

Il 2 aprile 1941 il Duce nominò Giuseppe Bottai Ispettore generale delle forze irregolari d'Albania. Al Ministro dell'Educazione Nazionale sarebbe spettato il compito di organizzare varie bande armate albanesi nelle zone di confine con la Jugoslavia. La costituzione delle prime milizie può essere fatta risalire al mese di novembre del 1940. La denominazione *"Irregolari di Bottai"* designa nel complesso tali unità, formate da civili di etnia albanese sia provenienti dai distretti locali sia originari del Kosovo, della Macedonia, del Montenegro, al comando di esponenti politici, notabili o ufficiali[44]. Nella primavera del 1941, il *"capobanda"* Giuseppe Bottai poteva contare su circa 3.500 uomini, perlopiù armati con moschetti Mod. 91 e abbigliati con costumi regionali tipici, suddivisi in gruppi alquanto eterogenei. Tra questi, alcuni dei più rilevanti dal punto di vista numerico erano il gruppo della Mirdizia forte di ben 1.000 combattenti, i tre gruppi che agivano nel Dibrano, per complessivi 1.080 miliziani e il gruppo di Scutari con 400 uomini. Nel quadro delle imminenti operazioni contro la Jugoslavia le formazioni irregolari guidate da Bottai erano investite di un duplice compito: ostacolare eventuali avanzate dell'esercito di Belgrado in territorio albanese e sostenere la controffensiva italiana. Il 6 aprile 1941 e nei giorni immediatamente successivi, le forze jugoslave attaccarono in direzione di Scutari e in altri settori, causando un iniziale arretramento delle linee italiane. La reazione delle milizie albanesi non si fece attendere. Uno degli scontri più cruenti avvenne nella regione montuosa dei Dukagjini, ove i 400 volontari guidati dal vicesegretario del Partito Fascista Albanese Kol Bib Mirakaj[45] inflissero pesanti perdite al nemico. I vertici militari italiani in Albania giudicarono con soddisfazione il rendimento delle formazioni irregolari albanesi, composte da guerriglieri animati da un forte sentimento di rivalsa nei confronti dei serbi. Con la vittoria dell'Asse sulla Jugoslavia, all'Albania furono annesse vaste aree del Kosovo e alcune zone della Macedonia occidentale e del Montenegro meridionale. In queste terre l'Italia attuò una politica a favore delle popolazioni di etnia albanese. Alle autorità di Tirana fu attribuito il compito di scegliere i prefetti, i questori e i segretari delle Federazioni del Partito Fascista Albanese delle nuove regioni della "Grande Albania". A notabili e personalità di etnia albanese fu affidata l'amministrazione e la difesa delle città e dei villaggi. Soprattutto in Kosovo, furono costituite nuove milizie incaricate di proteggere le comunità locali, note come *"vulnetari"* (volontari). Queste bande albanesi furono impiegate nella lotta antipartigiana, prima a fianco delle truppe italiane e dopo l'8 settembre 1943 insieme a quelle tedesche.

Cacciatori d'Albania

Concluse le due maggiori campagne nei Balcani, attingendo al personale dei battaglioni preesistenti e procedendo a nuovi reclutamenti, furono creati tre reggimenti di *"Cacciatori d'Albania"*. Questi reparti di fanteria albanese del Regio Esercito italiano furono primariamente impiegati nella repressione antipartigiana e nella sorveglianza del territorio[46]. Ogni reggimento era formato da un Comando (comprendente il comandante e otto ufficiali oltre alla compagnia Comando suddivisa in due plotoni), due battaglioni fucilieri (ciascuno su compagnia comando e tre compagnie fucilieri), una compagnia mitraglieri (su plotone comando e tre plotoni mitraglieri con dodici armi) più una

---

[44] Tra i miliziani coordinati da Bottai vi erano anche ex guerriglieri delle formazioni separatiste kosovare dei *kaçak* che erano già state appoggiate dall'Italia negli anni tra le due guerre mondiali. Nell'estate del 1941 i reparti della Divisione *"Puglie"*, alla quale erano già stati aggregati i Battaglioni albanesi *"Gramos"* e *"Korata"* (impiegati per sedare una rivolta in Montenegro), furono rinforzati con 26 bande di guerriglieri kosovari (Si trattava complessivamente di 1.600 uomini. Nell'aprile del 1942 il numero degli effettivi salì a 3.000. Questi combattenti avrebbero dovuto contribuire a respingere eventuali incursioni dei serbi in territorio kosovaro).

[45] Decorato con medaglia d'argento al V.M. per aver contrastato alla testa dei suoi volontari il passo alle forze nemiche nonostante le ferite riportate durante la battaglia.

[46] Una circolare datata 14 marzo 1942 attribuiva ai reparti la denominazione di 1°, 2° e 3° Reggimento *"Cacciatori d'Albania"*.

batteria d'accompagnamento da 65/17 (su 4 pezzi) e avrebbe dovuto annoverare complessivamente nelle sue file 1.705 uomini di cui 66 ufficiali e 1.639 tra sottufficiali e soldati[47]. Ad eccezione del colonnello comandante, di alcuni ufficiali e di un ristretto numero di specialisti che erano italiani, tutti gli altri militari erano albanesi. Le dotazioni di ciascun reggimento includevano inoltre 9 quadrupedi da ufficiale, 304 da salma, 60 da tiro, 30 carrette, 22 biciclette, 3 motocicli, 1 automezzo. Nella primavera del 1943, si provvide alla costituzione di un quarto reggimento, arruolando giovani reclute kosovare. Insieme al 1° Reggimento[48], il 4° Reggimento avrebbe dovuto formare la 1ª Brigata *"Cacciatori d'Albania"*, unità che avrebbe dovuto essere posta agli ordini di Prenk Pervizi, assurto al grado di generale. Nella tarda estate del 1943, il 1° Reggimento era parte integrante della Divisione di Fanteria *"Puglie"*, di stanza in Kosovo, alle dipendenze della quale si trovava anche il 4° Reggimento. Il 2° Reggimento[49] era invece stato assegnato alla Divisione di Fanteria *"Parma"* che presidiava un'area ricompresa tra Tepeleni, Argirocastro, Himara e Valona con incarichi di controguerriglia. A Peja, alle ore 6,00 del 9 settembre 1943, giorno successivo all'annuncio dell'Armistizio, il comandante del 1° Reggimento *"Cacciatori d'Albania"*, prese atto che il reparto ai suoi ordini era circondato da truppe tedesche che richiedevano la consegna delle armi. A breve distanza di tempo anche il comandante del 4° Reggimento rendeva noto che un ufficiale albanese aveva assunto il comando dell'unità per unirsi alle forze germaniche, lasciando in libertà i militari italiani. Nei medesimi convulsi giorni il 2° e il 3° Reggimento[50], falciati dalle defezioni, furono sciolti. I *"Cacciatori d'Albania"* ricevettero le uniformi italiane. Al bavero della giubba furono apposte delle mostrine pentagonali rosse attraversate da una banda trasversale nera, filettate di blu Savoia e caricate con stellette albanesi come prescritto da una circolare datata 29 marzo 1942.

Guardia Reale Albanese

La *"Guardia Reale Albanese"* era incaricata del Servizio di Guardia d'Onore a Vittorio Emanuele III, Re d'Italia e di Albania, Imperatore d'Etiopia, e della Vigilanza al Palazzo del Quirinale. Fu costituita subito dopo la conclusione dell'Operazione Oltre Mare Tirana e ordinata su 5 compagnie per poi essere trasferita rapidamente a Roma, dove rimase fino all'Armistizio[51]. Il 29 aprile 1939 le Guardie giurarono fedeltà al sovrano. Il 28 novembre 1939, ventisettesimo anniversario dell'indipendenza del "Paese delle Aquile" dall'Impero ottomano, il battaglione *"Guardia Reale Albanese"* ricevette la bandiera di guerra nel cortile della caserma *"Principe di Napoli"* a Roma[52]. Durante i servizi di guardia d'onore, i militari indossavano una caratteristica uniforme di gala disponibile in due versioni che si rifacevano agli abiti tradizionali dell'Albania settentrionale e meridionale[53]. Per l'uniforme del

---

47 L'armamento dei "Cacciatori d'Albania" era assimilabile a quello degli altri reggimenti di fanteria del Regio Esercito e comprendeva vari modelli del fucile Carcano 91/38 e mitragliatrici Breda modello 30 e 37. La carenza di pezzi da 65/17 fece sì che in molti casi questi fossero sostituiti con obici da montagna da 75/13.
48 Costituito il 1 ottobre 1942, includeva i Battaglioni *"Gramos"* e *"Korata"* e la Batteria *"Vjosë"*.
49 Formato dai Battaglioni *"Tarabosh"* e *"Dajti"* e dalla Batteria *"Mathi"*.
50 Comprendeva i Battaglioni *"Tomori"* e *"Kaptina"* nonché la Batteria *"Drin"*.
51 Per un breve periodo il Battaglione si allontanò da Roma. Allo scoppio della guerra raggiunse infatti la Divisione *"Granatieri di Sardegna"*, della quale era parte integrante, dislocandosi sul fronte occidentale ma senza prendere parte ad alcun combattimento. Nel novembre del 1941, il Battaglione fu riordinato su 3 compagnie.
52 La Guardia fu inquadrata nel 1° Reggimento Granatieri, facente parte della 21ª Divisione di Fanteria *"Granatieri di Sardegna"*. Fino al 1° aprile 1940 le Guardie furono agli ordini del tenente colonnello italiano Alfredo D'Andrea. In seguito fu nominato comandante del Battaglione il pari grado Pasquale Lissoni. Il reparto comprendeva anche una Fanfara Militare. Fu prevista la costituzione di un secondo battaglione su tre compagnie con sede a Tirana, unità da impiegare anche in combattimento.
53 Di fatto la diversità dei costumi rispecchiava anche la divisione della lingua albanese in due principali dialetti, il ghego del Nord e il tosco del Sud. Le differenze tra i due idiomi sono fondamentalmente di carattere fonetico e non lessicali. La linea di demarcazione geografica tra il ghego e il tosco può essere fatta approssimativamente coincidere con il corso del fiume Shkumbini. Il motto delle Guardie Albanesi inquadrate nel Regio Esercito italiano, mutuato dall'epoca di Re Zog,

Nord furono previsti dei pantaloni aderenti di fustagno bianco (*çedike*) il cui fondo, scampanato, era caratterizzato da false ghette di colore rosso contornate da filettature ricamate. Queste, che erano di colore oro per gli ufficiali e nero per sottufficiali e truppa, formavano un alamaro che si estendeva sulla superficie inferiore della gamba. Altri più vistosi alamari ricamati con i medesimi colori ornavano la parte superiore delle cosce. L'uniforme del Sud era invece caratterizzata da un gonnellino bianco, detto fustanella, simile a quello degli euzoni greci sebbene più lungo, portato al di sopra dei pantaloni e da gambali di feltro bianchi fermati al ginocchio, anch'essi terminanti con false ghette rosse filettate alla stessa maniera di quelle che adornavano i pantaloni tipici della tenuta del Nord. Gli altri capi di vestiario erano sostanzialmente comuni a entrambi i modelli di uniforme. La camicia, di colore bianco con stellette albanesi al colletto, era provvista di paramani rossi orlati di oro per gli ufficiali e di nero per sottufficiali e truppa. Nelle identiche tonalità (oro per gli ufficiali, nero per sottufficiali e truppa) erano realizzati i ricami che impreziosivano il gilet rosso bordato di nero, indossato sulla camicia. Una fusciacca di lana dai colori nazionali albanesi (rosso e nero) cingeva la vita. Al di sopra di tale fascia gli ufficiali portavano un cinturino dai medesimi colori sulla fibbia del quale era riprodotta un'aquila bicipite sormontata dall'elmo di Scanderbeg. I sottufficiali e la truppa erano invece provvisti di una cartucciera in cuoio a dodici tasche sulla quale era anche sistemato il fodero della baionetta. I gradi erano apposti sulla camicia: gli ufficiali, la cui tenuta era arricchita da una sciarpa azzurra, li portavano sui paramani, i sottufficiali e la truppa sulle maniche. Il copricapo bianco albanese (*qeleshe*), privo di fregi, costituiva un altro elemento comune alle due versioni dell'uniforme, così come i guanti, anch'essi bianchi. I membri della banda militare vestivano la divisa del Nord. Le Guardie Albanesi indossarono anche le altre uniformi previste per la Fanteria del Regio Esercito. L'uniforme ordinaria (da marcia e da combattimento) era pertanto quella normalmente in uso ai fanti italiani, al pari dei distintivi di grado. Le controspalline recavano un'aquila bicipite in canutiglia dorata e un bottone raffigurante l'inconfondibile elmo di Scanderbeg, riprodotto inoltre sui bottoni della giubba. Al bavero (sovente in velluto nero per gli ufficiali) erano applicati alamari di colore rosso intenso, praticamente violaceo, su fondo nero, caricati con le stellette albanesi. Sugli elmetti era presente un fregio a mascherina esclusivo delle Guardie Albanesi, di colore nero e di 92 mm di altezza, riproducente l'elmo di Scanderbeg accoppiato al monogramma VE di Vittorio Emanuele III. La Grande Uniforme presentava ovviamente differenze rispetto a quella ordinaria. Una sciarpa azzurra, un cinturino rosso e nero dello stesso tipo previsto per l'uniforme di gala e una sciabola d'ordinanza contraddistinguevano la divisa degli ufficiali. Sia gli ufficiali sia i graduati e la truppa portavano inoltre le cordelline agganciate a entrambe le controspalline e indossavano dei guanti bianchi.

---

era *"Gati me vdekë për Mbret!"*, vale a dire *"Pronti a morire per il Re!"*.

▲ I *"Granatieri di Sardegna"* del 3° Reggimento appongono le stellette sul bavero delle uniformi indossate dai soldati albanesi del Battaglione *"Tarabosh"*.

▼ I fanti del Battaglione *"Tarabosh"* ricevono le stellette italiane. Più tardi saranno introdotte quelle albanesi, sormontate dall'elmo di Scanderbeg e realizzate in metallo bianco.

▲ Il comandante del Battaglione *"Tarabosh"* si appresta a giurare (Tirana, 30 luglio 1939). Prima di essere integrato nell'84° Reggimento di Fanteria della Divisione *"Venezia"*, il *"Tarabosh"* fu acquartierato a Tirana con il 3° Reggimento *"Granatieri di Sardegna"*.

▼ Mussolini passa in rassegna i fanti di un battaglione albanese.

▲ Benito Mussolini tra i fanti albanesi (Berat, marzo 1941).

▼ I fanti albanesi sull'attenti dinanzi al Duce. Le uniformi sono quelle italiane, il copricapo è il tipico *qeleshe* (Berat, 5 marzo 1941).

▲ Un carabiniere di nazionalità albanese che ha appena ricevuto una decorazione.

▲ Combattenti appartenenti alle bande armate albanesi organizzate da Giuseppe Bottai, schierati nelle zone di confine con la Jugoslavia (Primavera 1941).

▼ Abbigliati con costumi regionali tipici, gli *"Irregolari di Bottai"* portavano un bracciale contraddistinto dai colori nazionali albanesi e italiani.

▲ Consegna della bandiera di guerra a uno dei reggimenti *"Cacciatori d'Albania"*.

▼ Foto di gruppo che ritrae alcuni ufficiali di un Reggimento *"Cacciatori d'Albania"*. Sono chiaramente distinguibili al bavero delle giubbe le tipiche mostrine pentagonali con i colori nazionali albanesi e di Casa Savoia.

▲ La *"Guardia Reale Albanese"* è schierata per rendere gli onori. Sono visibili due bandiere: quella del reparto schipetaro e quella del 1° Reggimento Granatieri. Roma, 29 aprile 1939.

▼ Guardie Reali in uniforme di gala del Nord sono passate in rivista. Roma, 29 aprile 1939.

▲ Cerimonia della consegna della bandiera alla *"Guardia Reale Albanese"*. La Guardia, che avrebbe dovuto costituirsi in Reggimento, fu ufficialmente contratta in Battaglione il 6 febbraio 1940 a causa dell'impossibilità di completare gli organici.

▼ Un'altra immagine della consegna della bandiera alla *"Guardia Reale Albanese"*. Per il cerimoniale si adottò una formula differente dal solito poiché la maggioranza dei soldati era di fede musulmana.

▲ La cerimonia della consegna della bandiera alla *"Guardia Reale Albanese"* ebbe luogo nel cortile della caserma *"Principe di Napoli"* a Roma.

▼ La cerimonia della consegna della bandiera alla *"Guardia Reale Albanese"* si svolse il 28 novembre 1939, data in cui ricorreva il ventisettesimo anniversario dell'indipendenza del "Paese delle Aquile" dall'Impero ottomano.

▲ La *"Guardia Reale Albanese"* presenzia a una cerimonia nella quale interviene il Duce.

▼ Guardie in uniforme del Sud giurano alzando il braccio destro. La truppa prestò giuramento collettivamente alla presenza del generale Pariani gridando *"Betoj!"* che in lingua albanese significa *"Giuro!"*. Gli ufficiali giurarono singolarmente nelle mani del comandante del 2° Reggimento Granatieri. Roma, 29 aprile 1939. In quel momento l'unità era costituita da circa 600 uomini.

▲ Guardie Reali in uniforme di gala del Sud prevista per la truppa.

▼ Bella immagine del giuramento delle Guardie Reali albanesi.

▲ Questa fotografia consente di cogliere ulteriori dettagli delle due differenti uniformi di gala previste per la *"Guardia Reale Albanese"*.

▼ Il generale Pariani dialoga con il comandante della Guardia Reale Albanese.

▲ Il Giuramento degli allievi ufficiali albanesi. In primo piano, le Guardie Reali in Grande Uniforme. Sullo sfondo la Casermetta *"Samoggia"* del 2° Reggimento Granatieri. Roma, 21 maggio 1939.

▼ Il tenente albanese Valentin Pervizi (primo da sinistra) a bordo di un Semovente M42 75/18. Figlio del generale Prenk Pervizi, Valentin fu comandante di un plotone semoventi del Reggimento *"Lancieri di Vittorio Emanuele II"* inquadrato nella ricostituita Divisione Corazzata *"Ariete"*, unità che si oppose alle truppe germaniche nella battaglia per la difesa di Roma (8-10 settembre 1943). L'inserimento di ufficiali albanesi nei reggimenti di stanza in Italia fu autorizzato da Mussolini il 12 novembre 1939.

LA MILIZIA FASCISTA ALBANESE

La *"Milizia Fascista Albanese"* (M.F.A.) fu istituita con decreto luogotenenziale del 18 settembre 1939. Inquadrata nella *"Milizia Volontaria per la Sicurezza Nazionale"* (la M.V.S.N. italiana), e pertanto agli ordini del Duce, la Milizia d'Albania era incaricata della tutela dell'ordine pubblico e della sicurezza dello Stato. Come la M.V.S.N., anche la M.F.A. era suddivisa in Legioni (Reggimenti), Coorti (Battaglioni), Centurie (Compagnie), Manipoli (Plotoni) e Squadre[54]. Ciascun battaglione mobilitato comprendeva tre (successivamente fino a quattro) compagnie di fucilieri, coadiuvati da plotoni distaccati dalla compagnia mitraglieri in organico alla Legione. Inizialmente, grazie all'afflusso dei primi volontari (in massima parte cittadini albanesi ma anche italiani residenti in Albania), furono costituite una Legione Ordinaria e una Legione Alpina, entrambe organizzate su tre Coorti. Nel giugno del 1940 Francesco Jacomoni di San Savino, Luogotenente Generale del Re, riportò in uno scritto come le camicie nere albanesi fossero desiderose di combattere per la costruzione di una "Grande Albania". In vista delle ostilità contro la Grecia venne mobilitata la 1ª Legione Camicie Nere d'Assalto della *"Milizia Fascista Albanese"* ordinata su due battaglioni di formazione (nel complesso poco più di 1.000 uomini) al comando del console Giuseppe Volante[55]. L'unità fu posta alle dipendenze della Divisione di Fanteria da Montagna *"Ferrara"*. Ad elementi del II Battaglione, che fu assegnato alla *"Colonna Solinas"*[56] della Divisione Corazzata *"Centauro"*, spettò dare il via alle operazioni sul fronte greco-albanese. Attorno alle ore 5,30 del 28 ottobre 1940 un plotone della 4ª Compagnia assaltò il ponte di Perati sul fiume Sarandaporos, affluente della Voiussa, sbaragliando dopo un breve conflitto a fuoco i soldati greci che presidiavano la postazione di frontiera. Nei giorni immediatamente successivi il Battaglione continuò a ricoprire il ruolo di elemento avanzato della colonna italiana[57] incaricata di attaccare da nord la posizione strategica di Kalibaki. Il 2 novembre i suoi militi conquistarono il villaggio di Mesovouni, situato a meno di 10 km dall'obiettivo designato. Il I Battaglione cominciò invece le operazioni rimanendo aggregato alla *"Ferrara"* come elemento della *"Colonna Sapienza"* che, lanciata lungo la direttrice Kakavia-Delvinaki-Krioneri-Sitaria, doveva investire Kalibaki da sud. A fine novembre entrambi i battaglioni furono ritirati dalla prima linea. Con l'apertura del fronte jugoslavo la Legione fu destinata a rinforzare il XVII Corpo Corazzato italiano del generale Giuseppe Pafundi. Già a fine marzo 1941, i due battaglioni di camicie nere si trovavano posizionati poco lontano da Borizanë, a settentrione di Tirana, in procinto di essere trasferiti nei pressi di Scutari. Nei giorni dall'11 al 13 aprile i militi contribuirono a neutralizzare gli attacchi jugoslavi nel settore Tarabosh-Kiri-Drin insieme a reparti della *"Centauro"* e della Divisione di Fanteria *"Messina"*. Dopo la sconfitta della Jugoslavia, la 1ª Legione d'Assalto fu sciolta. Il compito principale dei reparti formati a partire dal 1942 consistette nel controllo del territorio[58]. L'ordinamento definitivo della *"Milizia Fascista Albanese"*, previsto sin dall'autunno del 1939, contemplava

---

54 Tra parentesi è indicata, in caso di differenza, la corrispondenza delle unità della milizia con quelle dell'esercito.
55 Nel 1942 Giuseppe Volante fu promosso console generale, divenendo quindi comandante della *"Milizia Fascista Albanese"*, succedendo a Gino Ballabio e Alessandro Biscaccianti. Dopo l'Armistizio aderì alla Repubblica Sociale Italiana. Fu a capo dell'Ispettorato della *"Guardia Nazionale Repubblicana Ferroviaria"* e al comando della 1ª Divisione Antiparacadutisti e Contraerea della Guardia Nazionale Repubblicana *"Etna"*.
56 La colonna prendeva il proprio nome dal colonnello Gioacchino Solinas, comandante del 5° Reggimento Bersaglieri.
57 Il 30 ottobre i reparti avanzati della *"Colonna Solinas"* si unirono alla *"Colonna Trizio"*, passando alle dipendenze della Divisione *"Ferrara"*.
58 Nel 1942 la *"Milizia Fascista Albanese"* poté essere ulteriormente ampliata con personale proveniente dalle regioni annesse al "Paese delle Aquile". Kosovari di etnia albanese formarono il VII Battaglione della 4ª Legione (dislocato a Prizren), un reparto che si batté con particolare accanimento contro i partigiani locali. Dall'ottobre 1941 al marzo 1942 fu richiamata in servizio una centuria della 4ª Legione, altresì nota come Compagnia Speciale *"D"* (da Dukagjini, la zona di reclutamento situata nei pressi di Scutari) che fu impiegata per la sorveglianza dell'ordine pubblico.

la seguente configurazione[59], comprensiva dei battaglioni mobilitati nel corso della sua esistenza:

- ❖ Comando di Gruppo Legioni M.F.A. (Tirana)
  - ➢ 1ª Legione M.F.A. (Tirana)
    - ▪ Coorti permanenti: Tirana, Durazzo, Peshkopi
      - • Battaglioni mobilitati: I, V, VI, X, XII
  - ➢ 2ª Legione M.F.A. (Corcia)
    - ▪ Coorti permanenti: Corcia, Elbasan
      - • Battaglioni mobilitati: XI
  - ➢ 3ª Legione M.F.A. (Valona)
    - ▪ Coorti permanenti: Valona, Berat, Argirocastro
      - • Battaglioni mobilitati: III, VIII, XII, XIV
  - ➢ 4ª Legione M.F.A. (Scutari)
    - ▪ Coorti permanenti: Scutari, Kukës
      - • Battaglioni mobilitati: II, IV, VII, IX

Oltre alla Milizia Ordinaria, furono create due milizie speciali con funzioni di polizia, la *"Milizia Forestale Albanese"* e la *"Milizia Albanese della Strada"*, entrambe dipendenti dalla *"Milizia Volontaria per la Sicurezza Nazionale"*. Tra gli incarichi affidati alla *"Milizia Forestale Albanese"*[60] rientravano l'attuazione di leggi e disposizioni in materia forestale, la gestione dei boschi e la direzione delle opere di rimboschimento e bonifica montana, la realizzazione e la coltivazione dei vivai e dei campi sperimentali. La *"Milizia Albanese della Strada"*[61] si occupava della sorveglianza sulla circolazione stradale, del servizio informativo attinente alla sicurezza della viabilità, della vigilanza sulla conservazione della segnaletica stradale, delle operazioni di soccorso automobilistico. La *"Milizia Fascista Albanese"* adottò la medesima uniforme della *"Milizia Volontaria per la Sicurezza Nazionale"*, essenzialmente quella del Regio Esercito ad eccezione di camicia e cravatta che erano nere. I distintivi di grado erano anch'essi quelli della milizia consorella così come le mostrine applicate al bavero della giubba di panno grigioverde, che consistevano nelle tradizionali fiamme nere a due punte recanti dei fascetti in metallo. Un distintivo circolare omerale realizzato in bachelite, di colore rosso e bordato in oro con l'aquila bicipite nera d'Albania veniva portato alla manica sinistra. In luogo del caratteristico fez nero, i militi albanesi portavano un copricapo di feltro bianco ispirato dal *qeleshe* locale, ornato anteriormente del fregio della M.V.S.N., un fascio tra due fronde sormontato da una stella a cinque punte. È documentato l'uso in combattimento delle fasce mollettiere e dell'elmetto M33. Gli uomini della *"Milizia Forestale Albanese"* indossavano un cappello alpino sprovvisto di penna (utilizzato anche dalle coorti alpine della milizia ordinaria) e disponevano inoltre di gambali in cuoio. L'armamento della M.F.A. era simile a quello della M.V.S.N.; imprescindibile ovviamente il caratteristico pugnale nei vari modelli per ufficiali, sottufficiali e truppa. In un documento datato 26 novembre 1942 si legge che gli appartenenti alla milizia albanese erano stati insigniti di diverse ricompense al valor militare tra le quali 1 medaglia d'oro, 4 medaglie d'argento, 16 medaglie di bronzo

---

59 In alcune fotografie scattate nella tarda estate del 1940 spiccano due labari che recano le seguenti doppie iscrizioni in albanese e italiano: "LEGJONI I 11 <TIRANË> – 11ª LEGIONE <TIRANA>" e "LEGJONI I 13 <VLORË> – 13ª LEGIONE <VALONA>". Queste due legioni d'assalto furono formate con 4 battaglioni tratti da ciascuna delle legioni già in essere. Attingendo ad esse si diede vita alla 1ª Legione Camicie Nere d'Assalto della *"Milizia Fascista Albanese"*.

60 La *"Milizia Forestale Albanese"* era ordinata su un Comando di Legione, 3 Coorti, 8 Comandi distaccati e 60 Comandi minori. Il personale era prevalentemente albanese. Analogamente alle 9 Legioni presenti in Italia e alle due Legioni nelle Colonie e nell'Impero, l'unità era inquadrata nella *"Milizia Forestale Nazionale"*. La sua denominazione esatta era 12ª Legione *"Milizia Forestale Nazionale"*.

61 La *"Milizia Albanese della Strada"* era ordinata su un Comando di Gruppo di Reparti e 7 Comandi situati nelle principali città albanesi. La maggioranza del personale era costituita da cittadini italiani.

e 77 croci di guerra. Dopo la caduta del governo presieduto dal Duce, la *"Milizia Fascista Albanese"* assunse la denominazione di *"Milizia Volontaria Albanese"* (M.V.A.). Con l'Armistizio i reparti si dissolsero e parte dei militi finì probabilmente per schierarsi con i tedeschi o con i partigiani.

▲ Un milite albanese nella tipica uniforme grigioverde e con il tradizionale *qeleshe* bianco indossato sul capo. Sulla manica sinistra è ben visibile il distintivo circolare omerale rosso bordato in oro recante l'aquila bicipite nera d'Albania. Al bavero della giubba sono state applicate le fiamme nere a due punte corredate da fascetti metallici.

▲ Militi di una delle tre coorti sulle quali si articolava la Legione Alpina della *"Milizia Fascista Albanese"*.

▲ Un reparto della *"Milizia Fascista Albanese"* attende di essere passato in rassegna.

▼ Schieramento di militi albanesi passati in rivista dalle autorità militari.

▲ Camicie Nere albanesi sfilano al passo romano. L'articolo 1 del decreto luogotenenziale 18 settembre 1939 n. 91 precisava che il Duce era Comandante Generale della *"Milizia Fascista Albanese"*.

▼ Militi albanesi sfilano armati di moschetti Carcano mod. 91/38.

▲ Un'altra immagine della *"Milizia Fascista Albanese"* in parata.

▼ Due militi albanesi si addestrano al tiro con una mitragliatrice Fiat Revelli Mod. 1935.

▲ Un centurione della *"Milizia Fascista Albanese"* riceve una decorazione da Vittorio Emanuele III. Nell'immagine è possibile riconoscere anche Ugo Cavallero, Capo di Stato Maggiore Generale. Scutari, 15 maggio 1941.

◄ *La Domenica del Corriere* dell'8 dicembre 1940 celebra la gloriosa morte di una Camicia Nera albanese, decorata con Medaglia d'Oro al Valor Militare alla memoria.

RICOSTITUZIONE E IMPIEGO DELL'ESERCITO ALBANESE DOPO L'ARMISTIZIO

L'8 settembre 1943 segnò anche la sorte dell'Albania (legata a quella dell'Italia dal 16 aprile 1939), poiché a partire da tale data i tedeschi si impadronirono dell'intero Paese. Gli occupanti affidarono i poteri amministrativi a un rinnovato esecutivo di stampo nazionalista e filo-germanico affiancato dall'Alto Consiglio di Reggenza[62], un organo collegiale concepito per rappresentare temporaneamente il vertice del nuovo Stato. Dal punto di vista formale l'Albania tornò a essere indipendente e divenne neutrale: il governo si impegnò ad assicurare il controllo del territorio, ottenendo in cambio dalla Germania la garanzia di poter conservare la sovranità sulle regioni annesse in seguito alle vittoriose campagne dell'Asse nei Balcani. La rinascita di autonome forze armate regolari albanesi sotto la supervisione tedesca incontrò molteplici difficoltà, anche a causa della penuria di istruttori nelle file locali. La riorganizzazione dell'esercito fu affidata a Prenk Pervizi, assurto alla carica di Ministro della Difesa con il grado di generale. Il progetto, illustrato in un documento dattiloscritto del dicembre 1943 e rimasto in buona parte inattuato, riguardava essenzialmente la struttura e le modalità di impiego della Fanteria, della Gendarmeria, della Guardia di Confine e delle truppe volontarie. In quel periodo, il reclutamento di nuovo personale, sufficiente per formare almeno quattro nuovi battaglioni di fanti, sarebbe dovuto avvenire unicamente nelle terre di recente annessione. Come si è avuto modo di vedere, in Kosovo risultavano operative due unità di fanteria albanesi del Regio Esercito ovvero il 1° e il 4° Reggimento *"Cacciatori d'Albania"* che il 9 settembre erano passati dalla parte dei tedeschi. Secondo Pervizi[63] sarebbe stato necessario costituire a Dibra e Scutari altri due reggimenti di fanteria, ordinati su tre battaglioni e comprendenti reparti di artiglieria, arruolando uomini (il 75% riservisti) provenienti dalle regioni incluse nei vecchi confini nazionali. In realtà fu possibile contare su una forza più modesta di quanto auspicato, pari a circa 4.800 militari. Nei due reparti ereditati dall'esercito italiano affluirono tuttavia formazioni di volontari kosovari guidate da capi locali, forze che certamente contribuirono a rinforzare la fanteria albanese, impiegata contro i partigiani fino al termine delle ostilità[64]. Le unità erano equipaggiate con le armi che erano state distribuite ai *"Cacciatori d'Albania"*, materiali peraltro disponibili in discrete quantità nei depositi abbandonati del Regio Esercito. La Gendarmeria, parte integrante delle forze armate schipetare, fu ricostituita fin dal marzo 1943, quando fu separata dai Carabinieri[65]. Con il Regio Decreto n. 387 del 29 marzo 1943 tutti i carabinieri di nazionalità albanese furono congedati per essere inquadrati

---

[62] L'ex Primo Ministro Mehdi Frashëri fu nominato Capo del Consiglio di Reggenza, costituito da altri tre consiglieri: Anton Harapi, frate dell'Ordine Francescano e rappresentante dei cattolici albanesi, Fuat Dibra, nazionalista, in rappresentanza della comunità musulmana e Lef Nosi, editore e intellettuale di spicco, esponente dei cristiano ortodossi. Il nuovo esecutivo fu presieduto dal kosovaro Rexhep Mitrovica, acceso sostenitore della creazione di una "Grande Albania" etnica.
[63] In qualità di Ministro della Difesa, Pervizi non trascurò le questioni relative alla sicurezza delle frontiere settentrionali albanesi e si recò più volte in visita nei luoghi ove stazionavano i due reggimenti di fanteria provenienti dai ranghi del Regio Esercito, posti agli ordini dei colonnelli Fuat Dibra (omonimo del sopracitato membro del Consiglio di Reggenza) e Qazim Komani. Quest'ultimo istituì a Prizren il *"Comando della Difesa Nazionale del Kosovo"* e fece ampio ricorso a truppe di volontari.
[64] Nei mesi di settembre e ottobre del 1944, le formazioni partigiane furono fortemente contrastate dall'esercito e da altre unità nazionaliste albanesi. Fin dalla tarda estate il 4° Reggimento di Fanteria si oppose con determinazione a un'offensiva scatenata da partigiani jugoslavi e forze bulgare nel Kosovo orientale.
[65] Il provvedimento, emanato durante il governo di Maliq Bushati (febbraio – maggio 1943), si inseriva probabilmente nel quadro di una condotta politica italiana più sensibile alle richieste di maggiore autonomia avanzate da parte albanese. Conseguentemente fu disposto lo scioglimento delle Legioni di Tirana e Valona e la formazione di nuovi battaglioni Carabinieri italiani.

nella Gendarmeria che assumeva il ruolo svolto fino a quel momento dall'Arma e che giunse a comprendere un Comando Generale, una Scuola, 14 comandi di livello superiore e 64 comandi di livello inferiore. Sempre nel corso del 1943 fu ricreata la Guardia di Confine albanese, scorporata dalla Guardia di Finanza italiana. Pervizi riteneva che i reparti che vi facevano capo avrebbero dovuto dislocarsi unicamente lungo le frontiere della cosiddetta "Grande Albania" e non essere coinvolti in operazioni condotte all'interno del territorio nazionale. Come da tradizione militare albanese la riserva continuò ad essere alimentata dalle formazioni volontarie i cui membri erano identificati come *"Kreshnike"* (valorosi). Questi combattenti potevano essere mobilitati per fungere all'occorrenza da vere e proprie Guardie di Confine oppure per rinvigorire i reparti già costituiti dell'esercito. In aggiunta alle forze sopracitate, i tedeschi decisero di creare quattro battaglioni di miliziani albanesi[66]. Sebbene sostanzialmente subordinate alle autorità militari germaniche, queste unità erano formalmente sotto il controllo del Ministro dell'Interno albanese, il kosovaro Xhafer Deva, e non dovevano operare al di fuori dei confini nazionali. Figura di primo piano dell'esecutivo filo-tedesco e importante capo nazionalista, Deva è ritenuto da diversi storici il principale organizzatore della violenta repressione condotta a Tirana il 4 febbraio 1944, nel corso della quale furono eliminati numerosi oppositori politici. Tra gli esecutori materiali della strage sarebbero da annoverarsi anche combattenti arruolati in uno dei battaglioni del cosiddetto Reggimento *"Kosova"*, un reparto fedele al Ministro dell'Interno e considerato come il braccio armato della II Lega di Prizren[67], organismo creato nel settembre del 1943 con l'avallo germanico, volto a legittimare l'esistenza di un'Albania formata da tutti i territori in cui vivevano popolazioni di etnia albanese. Costituito grazie ai tedeschi nell'autunno del 1943, ordinato su tre battaglioni e agli ordini del colonnello Bajazit Boletini, il Reggimento *"Kosova"* potè disporre di una forza di circa 1.500 uomini e fu impiegato in operazioni antipartigiane, soprattutto contro forze serbe. Un altro reparto la cui creazione fu favorita dai tedeschi, composto da albanesi della Macedonia occidentale, in particolare provenienti dalla zona di Tetovo (località macedone facente parte della prefettura di Pristina dal 1941), fu il Battaglione *"Luboten"*[68]. I ranghi dell'unità, dotata anche di una componente motorizzata, si ingrossarono nel corso del tempo, passando da 400 a 1.200 uomini. Incaricato della protezione della popolazione di etnia albanese dei territori macedoni annessi, il *"Luboten"* si scontrò più volte con i partigiani. Alla fine del 1943, poco dopo essere stato costituito, fu inviato a Kičevo per contrastare la guerriglia jugoslava. Alcuni elementi del battaglione ebbero modo di operare in altre aree dell'Albania. A fianco dei tedeschi agirono anche numerose bande irregolari nazionaliste. In un elenco stilato a cura del comando germanico sono citati ben 77 distaccamenti albanesi di tale tipo, di differente dimensione, per complessivi 15.600 uomini. Il numero, forse sovrastimato, è difficilmente confutabile in mancanza di una "anagrafe" ufficiale delle bande filo-tedesche e potrebbe comprendere diverse formazioni del *Balli Kombëtar*, il Fronte Nazionale, del quale si discuterà più oltre, e vari gruppi di *"vulnetari"*, milizie poste a protezione delle comunità locali[69]. Un dato simile emerge anche da un rapporto, redatto con ogni probabilità dai servizi segreti alleati, concernente la consistenza delle unità militari governative e filo-tedesche all'inizio di maggio 1944, nel quale si legge che la forza

---

66 Questi reparti furono inizialmente di stanza a Pristina, Prizren, Peja (Kosovo) e Tetovo (Macedonia).
67 La denominazione dell'organizzazione traeva ispirazione dalla I Lega di Prizren, fondata nel 1878 per tutelare l'integrità territoriale dell'Albania, minacciata dal trattato di Santo Stefano siglato tra la Russia e la Turchia che assegnava le terre albanesi agli stati confinanti.
68 Luboten è il nome albanese di una montagna (altezza 2.498 m) situata al confine tra Kosovo e Macedonia. Il battaglione così denominato si formò tra la fine di ottobre e l'inizio di novembre del 1943.
69 La necessità di rafforzare la posizione del governo albanese spinse i tedeschi a cercare una collaborazione più fattiva con la fazione armata nazionalista. L'intesa non si realizzò sul piano ideologico ma su quello meramente pratico. I vertici del *Balli Kombëtar* non riponevano grandi aspettative nella vittoria finale tedesca ma erano coscienti che solo assecondando le richieste tedesche avrebbero potuto ottenere gli armamenti necessari a sostenere l'inevitabile scontro con la resistenza comunista.

totale stimata delle bande irregolari assommava 15.370 combattenti. Il documento riporta inoltre che nel medesimo periodo la Gendarmeria (Scuola compresa) era formata da 2.700 uomini e disponeva di almeno quattro battaglioni mobili, la Guardia di Confine contava 1.160 militari (su 1 battaglione, 2 compagnie, 3 distaccamenti) e i reparti di Pubblica Sicurezza erano costituiti da 500 poliziotti. Risultavano poi attive, sul fronte opposto, formazioni partigiane di varia estrazione (in maggioranza comuniste) per complessivi 12.210 guerriglieri e persino alcune bande "autonome" per un totale di 3.800 uomini. Nella primavera del 1944 erano attivi 4 nuovi battaglioni mobili formati anche grazie all'apporto di tedeschi e nazionalisti. Per fronteggiare la crescente minaccia dei partigiani comunisti, l'esercito aveva infatti cercato di rinnovare e potenziare le sue file. Il III Battaglione Mobile *"Vermoshi"* fu creato all'inizio del 1944 e annoverava nelle sue file circa 200 uomini agli ordini del maggiore Dod Nikolla. Era ordinato su 3 compagnie, ciascuna delle quali suddivisa in 3 plotoni. Ne facevano parte oltre ad elementi della Gendarmeria, anche reparti germanici e del *Balli Kombëtar*. Dal 15 aprile al 15 settembre 1944, il *"Vermoshi"* fu schierato nell'Albania meridionale, con il compito di proteggere il ripiegamento delle forze tedesche dagli attacchi partigiani[70]. Con la ricostituzione dell'esercito albanese furono reintrodotti gradi e mostreggiature già in uso prima del 1939. I colori delle armi (e pertanto delle mostrine) erano il verde per la Fanteria, il rosso per la Gendarmeria, il viola per il Genio e il giallo per la Guardia di Confine. Le mostrine dei generali erano di colore scarlatto. La Fanteria disponeva di uniformi italiane, elmetti M33 e *"Adrian"*. La Gendarmeria adottò nuovamente le uniformi anteguerra M31 caratterizzate dal colletto diritto e corredate da berretto con visiera[71].

▲ Giuramento di militari del ricostituito esercito albanese.

---

70 Nel giugno del 1944 il *"Vermoshi"* si battè insieme al IV Battaglione Mobile *"Mokra"* contro i partigiani comunisti.
71 Al Battaglione *"Luboten"* furono distribuiti vestiario e armamenti di produzione italiana.

▲ Giuramento di soldati in forza a un reggimento di fanteria albanese. Si noti l'utilizzo di elmetti *"Adrian"*. Tirana, ottobre 1943.

▼ Lo Stato Maggiore del nuovo esercito albanese. Da sinistra a destra: il maggiore Muharrem Liku, il colonnello Sami Koka (dapprima comandante della Gendarmeria e poi della Guardia di Confine), il tenente colonnello Faik Quku (ufficiale superiore della Gendarmeria), il generale Prenk Pervizi (ministro della Difesa), il generale Gustav von Myrdacz (austriaco, Capo di Stato Maggiore dell'esercito albanese), il colonnello Hermann von Kirschner (austriaco, Ispettore Generale dell'esercito albanese).

▲ Un sottufficiale della Gendarmeria abbigliato con l'uniforme M1931 risalente al periodo precedente alla guerra. Le mostrine apposte sul colletto dritto sono rosse (colore dell'arma). Il militare indossa un cappello dotato di visiera M1936 filettato di rosso e con il fregio dell'arma, l'elmo di Skanderbeg. Il gendarme in secondo piano veste invece una divisa più recente caratterizzata da colletto ripiegato.

▲ Due poliziotti albanesi immortalati insieme a un membro della *Feldgendarmerie*, la polizia militare tedesca. Il fregio sulle bustine dei due albanesi, caratterizzato da un'aquila bicipite, indica la loro appartenenza alle forze di pubblica sicurezza.

▲ Ufficiali di un reggimento di fanteria sfilano con la bandiera albanese al cospetto dei tedeschi. Tirana, ottobre 1943.

▼ Un gruppo formato da due poliziotti albanesi e da due militari della *Feldgendarmerie* tedesca pattuglia le vie di Tirana.

▲ Soldati del Battaglione *"Luboten"*, accompagnano il feretro di un commilitone durante una cerimonia funebre.

▼ Uomini e ufficiali dei ricostituiti reparti albanesi raffigurati insieme ad alcuni capi nazionalisti. Il secondo personaggio seduto da sinistra è Kadri Cakrani, comandante dell'esercito nella zona di Berat, noto anche come lo "Schindler d'Albania" per aver salvato la vita di circa 600 ebrei. Questa fotografia è stata scattata nel febbraio del 1944.

GLI ALBANESI NELLE WAFFEN SS

La sconfitta della Jugoslavia nell'aprile del 1941 consentì ai tedeschi di impossessarsi della Serbia e delle terre settentrionali del Kosovo[72]. La zona di occupazione germanica comprendeva anche la porzione orientale di una regione conosciuta come "*Sangiaccato*"[73], densamente abitata da popolazioni di etnia bosniaca e, in misura inferiore, albanese, di religione musulmana. Analogamente agli italiani anche i tedeschi avevano accarezzato l'idea di avvalersi di gruppi armati locali fin dalla seconda metà del 1941, allo scopo di contrastare le iniziative dei cetnici e dei partigiani comunisti jugoslavi. I guerriglieri albanesi e bosniaci, uniti e ispirati dalla comune fede religiosa, respingevano qualsiasi possibilità d'intesa con le forze della Resistenza che percepivano non solo come un pericolo per le loro terre ma anche come una minaccia alla conservazione delle loro tradizioni. Numerosi furono pertanto gli scontri tra le milizie musulmane e le formazioni partigiane e cetniche. Nella primavera del 1941, i tedeschi intrapresero le necessarie azioni dirette a installare un'amministrazione ad essi favorevole a Novi Pazar, fondamentale premessa per la costituzione di unità di volontari da impiegare in chiave antipartigiana. Successivamente, alcune migliaia di albanesi confluirono nei ranghi di due divisioni da montagna delle Waffen-SS.

SS Polizei – Selbstschutz – Regiment "*Sandschak*"

Il 1943 fu un anno cruciale per la formazione di strutturati reparti locali alle dirette dipendenze dei tedeschi nel teatro operativo balcanico. In autunno circa 6.000 combattenti di etnia albanese, dei quali 2.000 originari del Kosovo e 4.000 provenienti dal Sangiaccato, furono reclutati dal comando germanico. Il grosso di questi uomini, abbigliati alla meglio e provvisti di armamento di produzione italiana, fu utilizzato per completare gli organici di una legione musulmana in corso di costituzione[74]. L'unità è menzionata per la prima volta, in maniera alquanto informale, come "*Muselmanengruppe von Krempler*", in un documento attinente a un ordine di operazioni delle Waffen-SS datato 30 ottobre 1943. L'appellativo includeva il cognome del primo comandante del reparto, nonché principale artefice dell'arruolamento dei musulmani del Sangiaccato, l'Oberst der Polizei und Sturmbannführer der Waffen-SS Karl von Krempler. Esperto di questioni islamiche, Krempler era un "*Volksdeutsche*" cioè un "tedesco etnico" (nel caso specifico nato a Pirot, località della Serbia sud-orientale) che parlava fluentemente il serbo e il turco. Alla fine di luglio del 1944 la legione fu riorganizzata e ridenominata SS Polizei – Selbstschutz - Regiment "*Sandschak*" (Reggimento di polizia di autodifesa "*Sangiaccato*"), articolata su 4 battaglioni (ognuno probabilmente su 4 compagnie), con una forza totale che nel momento della sua massima espansione non superò mai le 4.000 unità. La formazione si battè contro i partigiani nel Sangiaccato e nella zona orientale del Montenegro, almeno fino al mese di ottobre del 1944.

---

72 Come si è avuto modo di leggere, il resto del Kosovo e i territori con esso confinanti del Montenegro e della Macedonia furono annessi alla "Grande Albania", sotto il controllo italiano, mentre alcune aree sud-orientali del Kosovo e la maggior parte delle terre della Macedonia furono assegnate alla Bulgaria che aderì al Patto Tripartito il 1 marzo 1941.
73 Il termine fa riferimento a una vasta regione ricompresa tra gli attuali confini di Serbia e Montenegro, situata a nord ovest del Kosovo e a sud est della Bosnia-Erzegovina. Più esattamente, la locuzione "*sangiaccato*" (in turco sancak e in serbo санџак o sandžak) identifica un "*distretto*" ovvero uno dei livelli della suddivisione amministrativa dei territori appartenenti all'Impero Ottomano. Sebbene in origine il termine indicasse una suddivisione di primo livello, con il susseguirsi delle riforme volte all'ammodernamento dell'amministrazione territoriale ottomana finì per designare una circoscrizione minore di una delle province dell'Impero (chiamate "*eyalet*" fino al 1866 e riconfigurate come "*vilayet*" con una legge del gennaio 1867). Nel 1879 truppe austro-ungariche invasero il Sangiaccato di Novi Pazar, rimanendovi fino al 1908. Concluse le guerre balcaniche, con il trattato di Londra del 1913 il territorio fu ripartito fra il Montenegro e la Serbia. Fino allo scoppio della Grande Guerra, al termine della quale fu incorporato nel regno di Jugoslavia, il Sangiaccato divenne teatro delle contrapposizioni tra serbi e austro-ungarici.
74 Alcuni uomini dovrebbero aver ricevuto, dopo l'arruolamento, capi di vestiario e armamenti individuali tedeschi. Le compagnie furono almeno in parte equipaggiate con armi di accompagnamento italiane.

I/28, il battaglione albanese della 13. Waffen – Gebirgs – Division der SS *"Handschar" (kroatische Nr. 1)*

Alla fine del 1942 il Reichsführer-SS Heinrich Himmler avvertì l'urgenza di disporre di un maggior numero di truppe per contrastare la crescente minaccia rappresentata dalle forze partigiane di Tito in Jugoslavia. Gli esiti risultanti da precedenti ricerche antropologiche condotte in Italia, che avevano stabilito l'origine ariana degli albanesi e la diffusione in Croazia e Germania di analoghe teorie con riguardo ai bosniaci, legittimarono anche dal punto di vista ideologico la possibilità di costituire nuove unità delle Waffen-SS arruolando giovani volontari nelle zone di occupazione. Ciò avrebbe inoltre consentito di disimpegnare da compiti di presidio del territorio i reparti tedeschi, proficuamente impiegabili altrove. La prima unità ad essere creata (a partire dalla primavera del 1943) fu la 13. Waffen – Gebirgs – Division der SS *"Handschar"*[75], una divisione da montagna formata prevalentemente da musulmani bosniaci che comprendeva un battaglione di musulmani di etnia albanese[76], anche in questo caso originari del Sangiaccato e del Kosovo, reclutati per rimediare all'insufficienza degli organici. Si trattava più precisamente del I Battaglione inquadrato nell'SS-Freiwilligen-Gebirgs-Jäger Regiment 2 (Kroat. Div.), in breve l'I/2. Il personale arruolato nella Divisione fu inviato dapprima nella Francia meridionale[77] (luglio 1943) e successivamente in Bassa Slesia[78] (ottobre 1943) per essere sottoposto ad addestramento. Fin dal primo momento il leader croato Ante Pavelić tentò di ostacolare o quantomeno condizionare la realizzazione del progetto germanico, teso a persuadere i suoi sudditi di Bosnia ad entrare nelle Waffen-SS. Quando nel mese di luglio del 1943 i militari giurarono la propria fedeltà a Hitler, ragioni di ordine politico indussero i tedeschi a far sì che i bosniaci promettessero di essere leali anche al *Poglavnik*[79] e allo Stato Indipendente di Croazia. All'inizio di agosto del 1943 il comando della Divisione fu assunto da un prussiano, l'SS-Oberführer (promosso SS-Brigadefuhrer il 1 ottobre 1943) Karl Gustav Sauberzweig. Ultimato l'addestramento, a metà febbraio 1944 la *"Handschar"* lasciò la Germania e fu inviata in Slavonia (Croazia orientale). In quel momento la Divisione aveva una forza di 377 ufficiali, 2.078 sottufficiali e 18.563 uomini

---

75 La Divisione assunse il proprio nome mutuandolo da un termine derivante dal turco, che indicava una corta e ricurva spada ottomana, nota in Bosnia come *handžar* (*handschar*, la traslitterazione tedesca). In un primo momento la *"Handschar"* fu denominata Kroatische SS-Freiwilligen-Gebirgs Division. Alla fine dell'estate del 1943 la Divisione era così formata: Quartier Generale Divisionale; 2 reggimenti di fanteria da montagna, l'SS-Freiwilligen-Gebirgs-Jäger Regiment 1 e l'SS-Freiwilligen-Gebirgs-Jäger Regiment 2, entrambi su 1 Quartier Generale e, dapprima 4, poi 3 battaglioni (i terzi battaglioni furono soppressi a causa di carenze negli organici all'atto della formazione delle sottounità divisionali, ricostituiti nel giugno 1944, e definitivamente sciolti il 31 ottobre dello stesso anno, considerato l'elevato numero di diserzioni); 1 reggimento di artiglieria, l'SS-Gebirgs-Artillerie Regiment 13, su 1 Quartier Generale e 4 battaglioni; 1 battaglione esplorante, l'SS-Gebirgs-Aufklärungs Abteilung 13; 1 battaglione controcarro, l'SS-Panzerjäger Abteilung 13; un battaglione del genio, l'SS-Gebirgs-Pionier Bataillon 13; 1 battaglione antiaerei, l'SS-Flak Abteilung 13; 1 battaglione collegamenti, l'SS-Gebirgs-Nachrichten Abteilung 13; 1 comando divisionale rifornimenti l'SS-Divisions-Nachschubsführer 13 (trasformato in SS-Versorgungs-Regiment 13, con l'inclusione di tutti i Servizi divisionali, il 24 settembre 1944); 1 battaglione amministrativo dedicato allo sfruttamento economico dei territori occupati, l'SS-Wirtschafts-Bataillon 13; 1 battaglione di sanità, l'SS-Sanitäts-Abteilung 13. Completavano l'ordine di battaglia, 2 squadroni di cavalleria, 2 compagnie del servizio veterinario, 2 compagnie officine meccaniche e 1 compagnia di polizia militare. Nel Quartier Generale Divisionale, in tutti i comandi reggimentali e in tutti i battaglioni, ad eccezione del battaglione trasmissioni che annoverava personale esclusivamente germanico, era presente un *Imam*. La quasi totalità degli ufficiali era di nazionalità tedesca (o *Volksdeutsche*). L'unico ufficiale di etnia albanese dell'I/28 fu l'SS-Untersturmführer Sulejman Daca, successivamente trasferito alla 21ª Divisione da Montagna SS *"Skanderbeg"*. Il Reichsführer-SS Heinrich Himmler e la suprema autorità dell'Islam sunnita, il Gran Muftì Haj Amin el-Husseini visitarono più volte la *"Handschar"*.
76 Oltre a musulmani bosniaci e albanesi, furono arruolati nella Divisione cattolici albanesi, cattolici croati, sloveni, tedeschi (compresi i *Volksdeutsche*), ungheresi, italiani, e persino svizzeri.
77 Le varie sottounità furono formate in Francia. A Villefranche-de-Rouergue, il 17 settembre 1943, si verificò un tentativo di ammutinamento, orchestrato da elementi vicini alla Resistenza jugoslava infiltratisi nei ranghi della Divisione.
78 Il battaglione albanese fu alloggiato nelle strutture del campo di addestramento di Strans, poco lontano da quello, più importante, di Neuhammer, dove si sistemarono gli altri reparti della Divisione.
79 *Poglavnik* ovvero capo era il titolo che identificava Ante Pavelić.

di truppa mentre il battaglione albanese, agli ordini dell'SS-Hauptsturmführer Walter Bormann fin dal 1 agosto 1943, era costituito da 18 ufficiali, 127 sottufficiali e 1.340 militari di truppa.[80] Più tardi, i due reggimenti di fanteria da montagna mutarono denominazione: non furono più identificati come 1° e 2° ma come 27° e 28°[81] e conseguentemente il battaglione albanese, impiegato nelle prime tre importanti operazioni alle quali prese parte la Divisione, divenne noto come I/28. Dal 10 al 12 marzo 1944 ebbe luogo l'*Unternehmen Wegweiser*, diretta contro 2.500 partigiani che avevano eletto a propria base la zona del Bosut, affluente sinistro del Sava, ricoperta da dense foreste. Grazie al positivo esito dell'operazione la *"Handschar"* potè accingersi a varcare i confini bosniaci in base a quanto preordinato con l'*Unternehmen Save*[82]. All'alba del 15 marzo il I/28 fu fra le prime unità a superare il fiume Sava, nei pressi di Brčko. Leggere furono le perdite inflitte dai *"titini"*, con i quali il battaglione venne immediatamente a contatto. Il 12 Aprile fu lanciata l'*Unternehmen Osterei*, che prevedeva per la *"Handschar"* il proseguimento dell'avanzata in Bosnia. Il 28° reggimento mosse verso sud attraversando i villaggi di Mačkovac e Priboj, situati a est di Tuzla. Gli albanesi, che avevano il compito di conquistare le alture della Majevica in quel settore, subirono pesanti perdite ma riuscirono a conseguire gli obiettivi assegnati. Questo fu l'ultimo combattimento sostenuto dal battaglione in seno alla *"Handschar"*, poiché poco tempo dopo, il reparto, designato come nucleo iniziale di una nuova divisione delle Waffen-SS, fu trasferito per via ferroviaria a Pristina[83]. Sauberzweig espresse la propria soddisfazione nei confronti dell'operato del battaglione, che si era comportato valorosamente sotto il suo comando. I soldati albanesi, molto legati all'alto ufficiale prussiano, si rammaricarono di dover lasciare la Divisione.

La 21. Waffen – Gebirgs – Division der SS *"Skanderbeg" (albanische Nr. 1)*

I tedeschi, riconoscendo la neutralità del "Paese delle Aquile" nel prosieguo del conflitto mondiale, desideravano che il governo filo-germanico di Tirana non fosse ostile alla costituzione di una divisione da montagna delle SS essenzialmente formata da volontari di etnia albanese, la 21. Waffen – Gebirgs – Division der SS *"Skanderbeg" (albanische Nr. 1)*. L'SS-Brigadeführer Jozef Fizthum, rappresentante del Reichsführer-SS Heinrich Himmler in Albania, esercitò il ruolo di supervisore del processo di formazione della divisione, fornendo ufficiali e sottufficiali da impiegare come istruttori. Nel maggio del 1944, la *"Skanderbeg"* fu posta agli ordini dell'SS-Standartenführer August Schmidhuber, nato l'8 maggio 1901 ad Augusta (Baviera), promosso SS-Oberführer il 21 giugno 1944[84]. Il battaglione albanese prelevato dalla *"Handschar"*, fu immediatamente ritenuto pronto al combattimento. Si trattava infatti di un reparto esperto, ideologicamente preparato, certamente idoneo a rappresentare il fulcro di una nuova Grande Unità. Fu inquadrato come terzo battaglione del secondo reggimento di fanteria da montagna della nascente divisione (inizialmente fu denominato III/2 e in seguito III/51). Circa due terzi degli 11.398 volontari reclutati erano musulmani kosovari.

---

80 L'I/28 era suddiviso in 6 compagnie. L'*Imam* del battaglione albanese era il bosniaco Ahmed Skaka.
81 L'SS-Freiw. Geb. Jg. Rgt. 2 (Kroat. Div.) fu ridenominato Waffen-Gebirgs-Jäger Regiment der SS 28 (kroat. Nr. 2).
82 Nell'intento di solennizzare il momento, Sauberzweig ordinò che i comandanti delle varie sottounità della Divisione, avrebbero dovuto leggere un breve messaggio ai militari, una volta superato il Sava. Così recitava il testo:
"Con l'attraversamento di questo fiume, celebriamo il grande e storico compito che il capo della nuova Europa, Adolf Hitler, ha stabilito per noi: liberare la Patria bosniaca, da molto tempo sofferente e, con ciò, costruire il ponte per la liberazione dell'Albania musulmana. Al nostro Führer, Adolf Hitler, che ricerca l'alba di una giusta e libera Europa, Sieg Heil!".
83 Un nuovo battaglione fu formato attingendo al personale di altre sottounità della Divisione e con giovani reclute. È interessante ricordare che altri albanesi servirono in reparti combatenti esteri durante la Seconda Guerra Mondiale, soprattutto dalla parte degli Alleati. Poco più di una trentina si arruolarono infatti nell'esercito francese (1939-45), in maggioranza nella Legione Straniera. Non mancarono poi gli schipetari inquadrati nelle file partigiane francesi, greche e jugoslave.
84 Interprete presso il comandante della Divisione *"Skanderbeg"* era l'SS-Hauptsturmführer albanese Thela Decg, nato in una famiglia di proprietari terrieri dell'Albania meridionale, di madre austriaca. Decg aveva studiato a Vienna e aveva conseguito un titolo di studio universitario.

Minore fu l'afflusso degli albanesi d'Albania, tra i quali non mancarono anche dei cattolici. Furono ritenuti idonei 9.275 uomini. Di questi, solo 6.491 risultarono in seguito effettivamente arruolati. Ad essi si aggiunsero ufficiali, sottufficiali e specialisti del genio, dei collegamenti e di altre armi e specialità, in prevalenza tedeschi, austriaci e *"Volksdeutschen"*, trasferiti da altre divisioni di fanteria da montagna delle SS, come la *"Prinz Eugen"* e la *"Handschar"*. Complessivamente la *"Skanderbeg"* poté così contare su una forza di quasi 9.000 uomini fra ufficiali, sottufficiali e truppa. Le attività di formazione e addestramento avviate fin dalla primavera del 1944 non ebbero mai definitivo compimento e il previsto ordine di battaglia non fu pertanto completato. Entrambi i reggimenti di fanteria da montagna dovettero operare a ranghi ridotti. Il battaglione collegamenti poté essere costituito solo da tre compagnie, due di telefonisti e una di marconisti. Il battaglione controcarro fu con ogni probabilità formato con una sola compagnia dotata di cannoni da 3,7 cm *Pak 35/36*[85]. La creazione di una componente corazzata per questo reparto rimase quindi sulla carta. La struttura della *"Skanderbeg"* avrebbe dovuto essere la seguente:

- Quartier Generale Divisionale
- 2 reggimenti di fanteria da montagna, il Waffen-Gebirgs-Jäger Regiment der SS 50 e il Waffen-Gebirgs-Jäger Regiment der SS 51, entrambi formati da 1 Quartier Generale, 3 battaglioni ordinati su 4 compagnie fucilieri (1-4, 5-8, 9-12), 1 compagnia cannoni e 1 compagnia controcarro
- 1 reggimento di artiglieria, il Waffen-Gebirgs-Artillerie-Regiment der SS 21, su 4 battaglioni (ognuno su 3 batterie)
- 1 battaglione esplorante, l'SS-Gebirgs Aufklärungs-Abteilung 21, su 1 comando e 4 compagnie
- 1 battaglione controcarro, l'SS-Gebirgs Panzerjäger-Abteilung 21, su 1 comando, 3 compagnie controcarro e 1 compagnia antiaerei
- 1 battaglione del genio, l'SS-Gebirgs-Pionier Bataillon 21, su 1 comando e 3 compagnie
- 1 battaglione collegamenti, l'SS-Gebirgs-Nachrichten Abteilung 21, su 1 comando e 4 compagnie
- 1 reparto rifornimenti, l'SS-Versorgungs-Regiment 21, su 1 comando e 4 compagnie (comprendente vari servizi divisionali)
- 1 battaglione amministrativo (adibito allo sfruttamento economico dei territori occupati), l'SS-Wirtschafts-Bataillon 21, su 1 comando e 2 compagnie
- 1 battaglione di sanità, l'SS-Sanitäts-Abteilung 21, su 1 comando e 2 compagnie di sanità, 1 ospedale da campo
- 1 compagnia veterinaria

---

85 Il battaglione anticarro era equipaggiato con cannoni *Pak 35/36* da 3,7 cm. Probabilmente il reparto era unicamente formato da una compagnia motorizzata dotata di tali armi (a traino meccanico o animale) sebbene fonti ufficiali dell'epoca riporterebbero una struttura più complessa che, a partire dal luglio del 1944, sarebbe dovuta consistere in una compagnia controcarro, fornita di 12 pezzi di calibro imprecisato (probabilmente anche cannoni da 7,5 cm e da 5 cm), una compagnia contraerei, armata con 12 cannoni da 2 cm e una compagnia provvista di 10 cannoni semoventi. L'effettiva presenza di quest'ultima risalirebbe tuttavia all'ultimo periodo del 1944. Non si sarebbe trattato di una compagnia in senso stretto bensì della Sturmgeschütz-Batterie *"Skanderbeg"*, equipaggiata con due semoventi italiani M41 75/18 e 8 carri medi italiani M15/42, trasferita da Brod a Vinkovci il 20 dicembre 1944. In realtà tale formazione corazzata sarebbe stata costituita in concomitanza alla creazione del Kampfgruppe *"Skanderbeg"*, organizzato con i resti della disciolta Divisione nell'autunno del 1944. La Kfz 15 era l'automezzo standard del battaglione collegamenti. Secondo le tabelle equipaggiamento, almeno 30 veicoli di questo tipo, di produzione tedesca, sarebbero pervenuti all'unità. Evidenze fotografiche testimonierebbero la presenza di alcuni autocarri di produzione italiana nei reparti trasporti divisionali.

L'ordinamento sarebbe stato completato da 1 squadrone di cavalleria (da assegnare al battaglione esplorante) e avrebbe dovuto includere anche 1 batteria di cannoni d'assalto.

Alla *"Skanderbeg"* furono inizialmente assegnati compiti di protezione e salvaguardia delle infrastrutture, in particolare la sorveglianza delle vie di comunicazione che collegavano Skopje a Mitrovica e Peja al Montenegro nonchè delle miniere di Gjakova, Kukës e Trepça. Le prime azioni furono condotte contro i partigiani, nonostante l'insufficiente disponibilità di armi di accompagnamento, mitragliatrici e mortai. Successivamente si dovette fare i conti anche con la carenza di strumenti di comunicazione: scarsi erano in particolare gli apparati radio. Veri e propri combattimenti si ebbero solo nel corso dell'*Unternehmen Draufgänger*, operazione svoltasi in Montenegro nel luglio 1944, volta ad accerchiare e distruggere le forze partigiane jugoslave. Il piano prevedeva la conquista delle vette situate nei pressi di Andrijevica, l'occupazione di Berane e del locale aeroporto, utilizzato dagli Alleati per rifornire la Resistenza, e l'annientamento delle formazioni agli ordini di Tito[86]. L'*Unternehmen Draufgänger* si risolse in un fiasco per gli attaccanti. Secondo August Schmidhuber, comandante della *"Skanderbeg"*, le difficoltà frapposte dal terreno e la durezza degli scontri costrinsero le SS a sopportare immani sforzi dal punto di vista fisico. Le truppe *"titine"*, ben equipaggiate ed efficacemente addestrate, si comportarono in combattimento come unità di un esercito regolare in grado di tenere testa al più agguerrito degli avversari. Ai rovesci sul campo di battaglia seguirono diserzioni di massa che decretarono di fatto lo scioglimento della Divisione[87]. Secondo Schmidhuber i pochi reparti rimasti intatti avrebbero dovuto costituire raggruppamenti autonomi incaricati di esercitare influenza sulle bande nazionaliste albanesi che nel frattempo si erano riavvicinate alla causa germanica. In realtà, nell'autunno del 1944, ciò che restava della *"Skanderbeg"* fu riorganizzato in Kampfgruppe, la stragrande maggioranza di militari di etnia albanese ancora in organico fu congedata e, almeno in parte, rimpiazzata con personale della Kriegsmarine, la Marina tedesca. L'unità, nella sua nuova configurazione, fu inquadrata nella 7. SS-Freiwilligen-Gebirgs-Division *"Prinz Eugen"* e seguitò a combattere contro i partigiani jugoslavi fino alla sua definitiva dissoluzione, avvenuta nel gennaio del 1945.

---

[86] Alle forze *"titine"* del II Corpo d'Assalto Jugoslavo si opponevano, oltre alla *"Skanderbeg"*, il 14° reggimento della 7. Waffen – Gebirgs – Division der SS *"Prinz Eugen"*, i Kampfgruppe *"Bendl"*, *"Krempler"* e *"Stripel"*, elementi di un reggimento *"Brandenburg"*, l'SS Polizei Regiment 5, unità bulgare, cetniche e reparti di *"vulnetari"* albanesi.

[87] Il rovesciamento di alleanze messo in atto da Bulgaria, Romania e Finlandia a partire dall'estate del 1944 rinvigorì la propaganda ostile alla *"Skanderbeg"*. Molti in Albania temevano che la Germania fosse sull'orlo della sconfitta. Tale stato di cose favorì il fenomeno delle diserzioni. In quel frangente, al confine con la Macedonia ben 1.000 soldati abbandonarono l'unità, portando con loro uniformi e armi. Anche il valido battaglione proveniente dai ranghi della *"Handschar"* non fece eccezione: 697 soldati si allontanarono dal reparto. Questi uomini ritornarono tuttavia a combattere poco tempo dopo. All'inizio di ottobre del 1944, la Divisione poteva contare su poco meno di 4.000 militari di etnia albanese.

▲ Un volontario dell'I/28, il battaglione albanese della 13. Waffen – Gebirgs – Division der SS *"Handschar"*. L'equipaggiamento e l'armamento sono quelli standard e solamente il copricapo, di chiara derivazione schipetara, consente di identificare con certezza il reparto di appartenenza del militare.

▲ Il sergente Rudi Sommerer e il caporale albanese Nazir Hodic, entrambi facenti parte della 6. Kompanie, I/28, 13. Waffen – Gebirgs – Division der SS *"Handschar"*.

▼ SS albanesi della Divisione *"Handschar"* fotografati durante l'*Unternehmen Osterei*. L'operatore radio è intento a comunicare in lingua tedesca con il comando.

▲ Un sergente dell'I/28 immortalato mentre suona il flauto in un momento di riposo. Dopo l'*Unternehmen Osterei*, il battaglione albanese della *"Handschar"* fu trasferito alla Divisione SS da montagna *"Skanderbeg"*, in via di costituzione.

▲ Volontari kosovari di etnia albanese si arruolano nella 21. Waffen – Gebirgs – Division der SS *"Skanderbeg"*. Sullo sfondo campeggiano i vessilli dell'Albania, delle SS e della Germania nonché i ritratti di Skanderbeg e di Adolf Hitler.

▼ SS albanesi della Divisione *"Skanderbeg"* ritratti nel corso dell'*Unternehmen Draufgänger*, operazione che nel luglio del 1944 mirava a scardinare il dispositivo *"titino"* in Montenegro.

▲ Militari della Divisione SS da montagna *"Skanderbeg"* pregustano un lauto pasto. All'unità furono distribuite in grande quantità uniformi mimetiche M44. Il vestiario non appariva sempre regolamentare: alcuni uomini preferivano portare sul capo delle bandane in luogo dei berretti e le calzature venivano talvolta sostituite per preservarle dal logorio delle marce.

▼ Soldati della Divisione SS *"Skanderbeg"* durante una pausa dei combattimenti sostenuti nel luglio del 1944. In quel periodo il peculiare copricapo introdotto per gli albanesi della *"Handschar"* non era più utilizzato.

▲ Due SS albanesi della Divisione SS *"Skanderbeg"* consumano il rancio. Tutti gli uomini ritratti indossano uniformi mimetiche M44.

▼ In questa immagine appaiono due combattenti delle milizie volontarie albanesi, i cosiddetti *"vulnetari"*, chiaramente riconoscibili dai capi d'abbigliamento tipici che indossano. Tra di loro è visibile un membro della Divisione di fanteria da montagna delle SS *"Prinz Eugen"*. Dietro di essi, con le loro uniformi mimetiche, si intravedono due SS della Divisione *"Skanderbeg"*.

▲ Miliziani albanesi fotografati insieme a soldati della Divisione SS *"Prinz Eugen"*.

RESISTENZA E GUERRA CIVILE

Fin dal 1941 piccoli distaccamenti di partigiani iniziarono a molestare le pattuglie italiane in territorio albanese. Organizzatisi in milizie locali, la resistenza schipetara registrò i primi incoraggianti successi nella prima metà del 1942. Il 16 settembre di quell'anno i comunisti convocarono una conferenza aperta anche alle forze monarchiche e nazionaliste. Fu così costituito il *"Lufta Nacional Çlirimtare"* (Movimento di Liberazione Nazionale), un organismo che riuniva tutte le fazioni che si opponevano all'occupazione italiana. Il Partito Comunista d'Albania si prefiggeva infatti il compito di creare un esercito di liberazione nazionale fin dal marzo del 1943. La prospettiva della realizzazione di una "Grande Albania", caldeggiata prima dall'Italia e poi dalla Germania, rinfocolò le aspirazioni di quella parte della popolazione maggiormente sensibile ai richiami di carattere nazionalista. Il *Balli Kombëtar*[88], ovvero il Fronte Nazionale, che pur si battè contro italiani e tedeschi[89], considerava Jugoslavia e Grecia acerrimi nemici degli schipetari. I nazionalisti ritenevano che il Kosovo dovesse essere parte integrante della nazione al termine del conflitto mentre i comunisti respingevano una siffatta ipotesi e miravano a conservare la solida intesa che li univa al movimento partigiano jugoslavo. Nell'estate del 1943 le forze partigiane regolari contavano già circa 10.000 combattenti organizzati su più di 20 battaglioni. Almeno altri 20.000 volontari erano raggruppati in distaccamenti territoriali operanti nelle zone occupate. Nel luglio del 1943 il consiglio generale del *"Lufta Nacional Çlirimtare"* istituì uno Stato Maggiore dell'Esercito di Liberazione nominando Enver Hoxha commissario politico dello stesso[90]. Dopo la Conferenza di Mukaj tenutasi dall'1 al 3 agosto 1943, nella quale i delegati del *Balli Kombëtar* avanzarono una proposta avente per oggetto lo scioglimento del consiglio generale e la creazione di un nuovo comitato per la salvezza dell'Albania, la rottura tra comunisti e nazionalisti divenne insanabile. I comunisti si opposero a tale progetto e conseguentemente il *"Lufta"* assunse un incontestabile ruolo guida nella lotta per la liberazione del "Paese delle Aquile". La compattezza del fronte resistenziale finì però per frantumarsi e di lì a poco prese il via un'aperta lotta armata destinata a trasformarsi in guerra civile. Secondo una stima tedesca, nell'ottobre del 1943 il Fronte Nazionale albanese poteva contare su una forza complessiva di circa 8.000 uomini. All'inizio del 1944 una ventina di battaglioni del *Balli Kombëtar* risultavano impiegati a fianco dei germanici contro i partigiani comunisti. I reparti dell'Esercito di Liberazione Nazionale Albanese, incalzati dal nemico, dovettero affrontare un duro inverno, ritirandosi sulle montagne. Una nuova offensiva antipartigiana promossa dai tedeschi nel maggio del 1944 si risolse in un fallimento.

---

88 Organizzazione politica e militare fondata nel 1939 da Mid'hat Frasheri (scrittore ed esponente politico, cugino di Mehdi) finalizzata alla riunificazione di tutti i territori abitati da popolazioni di etnia albanese in un solo Stato. I primi gruppi nazionalisti sorsero a Valona, Skrapar, Kolonje e Tirana. Comitati del *Balli Kombëtar* si diffusero in tutto il Kosovo prima della fine del 1942.

89 Il Fronte Nazionale combattè gli italiani dalla fine del 1942 fino all'Armistizio. Uno degli scontri più noti fu quello che vide la partecipazione del Battaglione nazionalista "Shqiponja" (aquila), appoggiato da una formazione comunista a Gjorm, tra dicembre 1942 e gennaio 1943. Tra le altre battaglie sostenute dai reparti armati del *Balli Kombëtar contro* le truppe italiane in Albania possono essere ricordate le seguenti: Greshicë (Mallakastra, febbraio 1943), Ruzhdie (marzo 1943), Selenicë (aprile 1943), Gjinaqar (giugno 1943), Vasjar (giugno 1943), Humelicë (Agosto 1943), Berat (agosto 1943), Rec (agosto 1943), Dukat (Valona, agosto 1943), Këlcyrë (settembre 1943), Gërhot (Argirocastro, settembre 1943). Le forze nazionaliste affrontarono i tedeschi soprattutto nella tarda estate e all'inizio dell'autunno del 1943. Di seguito sono menzionate alcune delle più importanti battaglie: Argirocastro (agosto), Barmash (Kolonjë, agosto), Passo di Qafë Thanë (settembre), Passo di Llogara (settembre), Mavrovë, Vodicë, Bestrovë, Llakatund, Risili (Valona, settembre e ottobre).

90 Enver Hoxha nacque il 16 ottobre 1908 ad Argirocastro e si formò all'università di Montpellier. In Francia, il giovane Enver frequentò intellettuali e politici che lo convinsero ad aderire all'ideologia marxista. Dal 1934 al 1936 lavorò presso il consolato albanese di Bruxelles. Comandante militare dell'Esercito Nazionale di Liberazione Albanese era Spiro Moisiu, conosciuto come Spiro Koxhobashi al tempo in cui era comandante del Battaglione *"Tomori"*.

Nel corso del 1942, in Macedonia, fu formato un piccolo reparto di guerriglieri di etnia albanese agli ordini di Xhemë Hasa, operante nell'area compresa tra Gostivar e Tetovo[91]. La resistenza di Hasa era di carattere patriottico: obiettivo preminente era la cacciata dell'occupante straniero, da qualsiasi parte esso provenisse. Dopo l'occupazione di Gostivar ad opera degli italiani, il leader albanese si mise al loro servizio per tutelare al meglio gli interessi degli abitanti di quelle terre, in funzione anti-jugoslava. Già dalla primavera del 1943, pressato da importanti esponenti del campo nazionalista locale, egli decise tuttavia di schierarsi anche contro i suoi alleati. Il comando partigiano albanese tentò quindi di convincere Hasa a cooperare per la liberazione di Gostivar. In mancanza di chiare assicurazioni sul ruolo che sarebbe stato assegnato ai rappresentanti della popolazione di etnia albanese nell'assetto politico macedone a guerra finita, Hasa respinse ogni offerta di collaborazione. Gli uomini al suo comando si batterono contro i cetnici, i partigiani jugoslavi e dell'Esercito di Liberazione Nazionale Albanese. Il composto panorama costituito dalle fazioni in lotta per la liberazione dell'Albania era completato dai monarchici (zogisti) e da altri gruppi nazionalisti non affiliati al *Balli Kombëtar*. *Legaliteti* era il movimento politico che sosteneva il ritorno di Re Zog a capo di una Grande Albania etnica indipendente. Fu costituto il 21 novembre 1943 con Ndoc Çoba, ex ministro delle Finanze albanese, come presidente e Abaz Kupi, protagonista dei combattimenti a Durazzo nel 1939, quale capo militare. Al momento della formazione *Legaliteti* contava 25.000 aderenti, dei quali almeno 5.000 armati. Attiva particolarmente nelle regioni di Tirana, Scutari, Dibra, Durazzo, Valona e Corcia, nonché in Kosovo, questa fazione monarchica minoritaria riuscì a instaurare relazioni con i comunisti ma soprattutto con gli altri movimenti nazionalisti e ottenne in un primo momento il supporto di una missione alleata[92]. I capi provenivano in prevalenza dai ranghi degli ufficiali dell'esercito di Zog. Nell'estate del 1944 il movimento cessò praticamente di esistere. Nell'Albania settentrionale agirono dei piccoli gruppi nazionalisti indipendenti. I più importanti erano quelli capeggiati da Gani Bey Kryeziu e dal colonnello Muharrem Bajraktari. Kryeziu, nato in Kosovo, fu ex aiutante di campo di Alessandro I di Jugoslavia. Dopo l'occupazione italiana dell'Albania si unì alla resistenza schipetara, adoperandosi per la creazione di un fronte unitario al fine di scongiurare le mire egemoniche di monarchici e comunisti. Alla fine del 1943 riuscì a schierare 500 uomini contro i tedeschi. All'inizio dell'estate del 1944 il numero degli effettivi ai suoi ordini raddoppiò. Kryeziu fu costantemente appoggiato dai britannici ma l'inconsistenza delle forze alle sue dipendenze e l'ostilità verso gli altri movimenti partigiani segnarono ineluttabilmente la fine del suo movimento armato. Il colonnello albanese Muharrem Bajraktari mobilitò nella provincia di Lumës circa 1.000 guerriglieri. Probabilmente il più pittoresco tra i capi nazionalisti, Bajraktari riteneva di incarnare il futuro dell'Albania e ambiva a convincere Londra che non vi era alcuna seria alternativa alla sua leadership. Un esempio del singolare atteggiamento del colonnello albanese è rintracciabile in una relazione inviata nel gennaio del 1944 a Anthony Eden, Segretario di Stato per gli Affari Esteri del governo Churchill, nella quale si sosteneva che l'Albania sarebbe stata cruciale per il futuro della politica britannica nei Balcani in chiave anti-slava e anti-comunista. Bajraktari comunicò inoltre ai britannici di essere in grado di fomentare una rivolta contro i tedeschi in cambio di armi e denaro. Si tratta chiaramente di progetti completamente avulsi dalla realtà. Dopo aver partecipato alla fondazione del movimento *Legaliteti*, il colonnello stipulò una sorta di patto di non aggressione con i tedeschi che tuttavia decise di infrangere nell'agosto del 1944. Nonostante i vertici della resistenza albanese gli intimarono di collaborare con maggiore assiduità con le altre unità partigiane, pena la morte, preferì ritornare in montagna.

---

91 La piccola formazione (circa un migliaio di combattenti) fu incorporata nella struttura del *Balli Kombëtar* in Macedonia occidentale.

92 Nel periodo compreso tra la primavera del 1943 e la fine del 1944, circa 50 ufficiali di Sua Maestà furono inviati in Albania. I primi lanci britannici alla resistenza schipetara ebbero inizio il 17 aprile 1943. Nel settembre del 1944, preso atto dell'effettiva dissoluzione dei gruppi armati zogisti e nazionalisti, il Foreign Office decise di appoggiare esclusivamente i partigiani comunisti dell'Esercito Nazionale di Liberazione Albanese, l'unica forza che in quel frangente si stava efficacemente battendo contro i tedeschi.

Al principio dell'autunno del 1944, il comando dell'Esercito di Liberazione Nazionale Albanese elaborò il piano per liberare Tirana che prevedeva l'annientamento delle unità tedesche presenti nel triangolo Elbasan - Durazzo – Kruja e l'impiego di ben 11 Brigate d'Assalto partigiane. L'attacco decisivo fu sferrato nelle prime ore del 16 novembre 1944. Il giorno seguente la capitale era libera.

▲ Giovani guerriglieri del Fronte Nazionale albanese a bordo di autocarri. Il *Balli Kombëtar* si era dotato di un'organizzazione giovanile armata le cui formazioni si scontrarono sia con i cetnici sia con i partigiani del *"Lufta Nacional Çlirimtare"*.

▲ Combattenti del *Balli Kombëtar*. Questi uomini indossano una mescolanza di abiti di origine civile e militare ma sul capo portano tutti un *qeleshe* ornato da uno scudetto rosso all'interno del quale campeggia la nera aquila bicipite d'Albania.

▼ Il maggiore Peter Kemp (terzo da sinistra), membro di una missione alleata presso la resistenza albanese, è qui ritratto tra altri due ufficiali britannici insieme a dei partigiani. È interessante notare che i patrioti potrebbero appartenere a una formazione legata al movimento monarchico *Legaliteti* poiché uno di essi saluta alla maniera zogista, con la mano destra poggiata all'altezza del cuore e il palmo della medesima rivolto verso il basso. Zona di Dibra, novembre 1943.

▲ Uomini in armi del *Balli Kombëtar* ascoltano un discorso di Xhafer Deva, ministro dell'Interno del governo filo-tedesco albanese.

▲ Il personaggio che appare in primo piano in questa fotografia è Abaz Kupi, capo del movimento *Legaliteti*.

L'ESERCITO DI LIBERAZIONE NAZIONALE ALBANESE

L'unità maggiormente rappresentativa dell'Esercito di Liberazione Nazionale Albanese, a guida comunista, era la Brigata d'Assalto, generalmente composta da 4 battaglioni (minimo 3, massimo 5) e 1 Compagnia Armi Pesanti. Talvolta essa includeva una o più batterie di artiglieria, una compagnia mortai e reparti da ricognizione e collegamento (solitamente su 3 o 4 squadre), una struttura che ricalcava quella della Brigata partigiana jugoslava. Inizialmente la brigata albanese comprendeva circa 400 – 600 uomini ma con il trascorrere del tempo gli organici potevano ampliarsi, fino a raggiungere e persino superare la cifra di 800 – 1.000 combattenti. Ogni battaglione era suddiviso di norma in 3 o 4 compagnie, ciascuna con circa 150-200 combattenti. Ogni compagnia era articolata su 4 o 5 squadre di 50-70 uomini. Erano stati inoltre costituiti gruppi partigiani che riunivano vari battaglioni e squadre territoriali, diretti da comandi di area. Praticamente a ogni livello era presente un quartier generale con comandante, commissario politico e relativi vice. L'Esercito di Liberazione Nazionale Albanese mobilitò 24 Brigate d'Assalto:

1ª Brigata d'Assalto
Fu costituita il 15 agosto 1943 e venne immediatamente gettata nella mischia opponendosi al nemico a Mallakastra in novembre e a Mesaplik in dicembre. Nei mesi di febbraio e marzo del 1944 fu impiegata contro formazioni tedesche e del *Balli Kombëtar*. In seguito contribuì alla liberazione di Pogradec insieme alla 4ª Brigata d'Assalto. Nel settembre del 1944 combatté per la liberazione di Kruja. Tra ottobre e novembre del 1944 partecipò alle azioni volte a liberare Tirana. La carica di comandante di Brigata fu assunta da Mehmet Shehu, reduce della Guerra di Spagna nelle file repubblicane. Inizialmente la 1ª Brigata contava 558 partigiani distribuiti su 4 battaglioni, 1 compagnia mortai, 1 compagnia anticarro, 1 batteria di artiglieria. Più tardi ad essa si aggiunsero gli italiani del Battaglione *"Gramsci"*.

2ª Brigata d'Assalto
Si creò il 28 novembre 1943 con partigiani provenienti in prevalenza dalle zone di Tirana, Elbasan, Argirocastro e Berat. Aveva una forza di 450 uomini ordinati su 3 battaglioni. Subì pesanti perdite durante l'offensiva scatenata dal nemico nell'inverno 1943-44. Nell'aprile del 1944 fu quindi trasferita nella regione di Corcia per essere riorganizzata. Si oppose in seguito a tedeschi e nazionalisti. Liberò Leskovik, Ersekë, Corcia e Bilishti.

3ª Brigata d'Assalto
Costituita nei pressi di Tirana il 9 ottobre 1943, contava 379 uomini su 3 battaglioni, una batteria d'artiglieria da 75/13 e una compagnia mortai da 81 mm. Operò anche contro forze albanesi filotedesche. Ridotta nei ranghi, nel febbraio del 1944 fu rimpolpata fino a raggiungere un organico di circa 500 uomini. Trascorsi alcuni mesi di riposo, riprese a combattere in agosto, scontrandosi con formazioni tedesche, nazionaliste e del movimento *Legaliteti* nelle vicinanze di Elbasan e Tirana. Nell'ottobre del 1944 la Brigata si inoltrò in Kosovo e a fine novembre mosse in direzione del Sangiaccato.

4ª Brigata d'Assalto
Fu creata il 28 dicembre 1943. Comprendeva 550 uomini su 4 battaglioni. Combatté presso Corcia, Tirana, Durazzo e Scutari. Collaborò con la 1ª Brigata di Mehmet Shehu per la conquista di Pogradec. Dopo la liberazione di Tirana marciò su Scutari.

5ª Brigata d'Assalto

Fu costituita il 20 gennaio 1944 con ben 960 partigiani su 5 battaglioni. Il nucleo originario di questa unità era costituito da 3 battaglioni e si era formato il 28 novembre 1943. Nel corso della sua vita operativa affrontò reparti tedeschi e del movimento zogista *Legaliteti*. Prese parte alla liberazione della provincia di Dibra insieme alla 18ª Brigata d'Assalto. Il 1 ottobre 1944 si spostò in Kosovo per collaborare con la 1ª e la 4ª Brigata Kosovara dell'Esercito di Liberazione Jugoslavo. Durante la permanenza in Kosovo i suoi ranghi furono rimpolpati da partigiani del luogo e da un battaglione di combattenti italiani. La Brigata poté così disporre di circa 2.000 uomini. Fu inoltre rinforzata con una batteria da montagna dotata di 6 pezzi da 75/13, catturati nelle vicinanze di Prizren. Causò notevoli perdite al nemico.

6ª Brigata d'Assalto

Costituita il 26 gennaio 1944 a Permeti con 912 uomini, nel momento in cui l'offensiva invernale del nemico aveva raggiunto la massima intensità. Comprendeva battaglioni partigiani della regione di Argirocastro.

7ª Brigata d'Assalto

Fu creata il 17 marzo 1944 con 420 combattenti su 3 battaglioni. Da giugno a settembre fu impegnata in numerosi combattimenti e in ottobre agì per liberare Scutari. Dopo aver ripulito il settentrione dell'Albania dai nazionalisti del *Balli Kombëtar* e dalle forze di Muharrem Bajraktari, si battè contro i tedeschi dal 12 dicembre 1944 al 7 febbraio 1945 in Montenegro, Kosovo, Macedonia, Sangiaccato e Bosnia. Nel corso dell'ultima fase del conflitto annoverava nelle sue file 1.200 partigiani su 6 battaglioni.

8ª Brigata d'Assalto

Si formò il 25 aprile 1944 con 850 partigiani ordinati su 4 battaglioni. Nell'estate del 1944 lottò per liberare Argirocastro. Collaborò poi con la 16ª Brigata d'Assalto per liberare Lushnje e fu inoltre impiegata nella battaglia di Tirana. Impegnò vari combattimenti anche in Montenegro.

9ª Brigata d'Assalto

Articolata su 4 battaglioni, nacque il 16 ottobre 1944. Partecipò alla liberazione di Corcia in collaborazione con la 2ª e la 20ª Brigata d'Assalto. Inflisse pesanti perdite al nemico e si impadronì di ingenti quantità di materiali.

10ª Brigata d'Assalto

Si costituì il 6 novembre 1944 con 1.225 uomini suddivisi in 4 battaglioni. Prese parte alle operazioni per la conquista di Tirana causando gravi perdite in uomini e mezzi al nemico.

11ª Brigata d'Assalto

Fu istituita nella città liberata di Fieri il 1 novembre 1944 con combattenti appartenenti a 3 battaglioni del Gruppo di Mallakastra e a un battaglione del Gruppo di Myzeke. I suoi 1.200 partigiani erano ripartiti su 4 battaglioni. L'11 novembre, in concorso con la 12ª Brigata d'Assalto, attaccò con successo una colonna tedesca presso Peqin. Partecipò alla liberazione di Durazzo ed ebbe modo di operare anche contro formazioni nazionaliste albanesi.

12ª Brigata d'Assalto

Fu creata il 20 maggio 1944 con 4 battaglioni e aveva una forza complessiva di 650 uomini. Fu attiva lungo la costa ionica e quella adriatica e nelle zone di Valona e Peqin.

14ª Brigata d'Assalto
Fu costituita il 17 agosto 1944 con 559 uomini su 3 battaglioni e un plotone di armi pesanti. L'arrivo di nuovi volontari nel mese seguente permise la formazione di un quarto battaglione. Combatté per liberare Argirocastro, Santi Quaranta e altre città dell'Albania meridionale.

15ª Brigata d'Assalto
Fu istituita il 29 giugno 1944 con 750 partigiani dei battaglioni della zona di Corcia. Si batté nelle zone di Corcia, Elbasan e Pogradec, città che liberò; nella gola di Pogradec si scontrò con elementi del *Balli Kombëtar* e reparti germanici. Prese parte alle operazioni per la liberazione di Tirana. A novembre 1944 gli effettivi di questa unità ammontavano a circa 1.200 uomini.

16ª Brigata d'Assalto
Si formò con 456 partigiani il 20 agosto 1944 attraverso l'incorporazione di 1 battaglione di Berat e di 2 battaglioni di Mallakastra, e all'afflusso di volontari della zona di Lushnje. L'organico si ampliò con la creazione di un quarto battaglione il 10 settembre 1944. Fu impiegata nella zona Berat - Valona - Lushnje e tese audaci imboscate alle colonne nemiche. Insieme al III Gruppo Partigiano di Mallakastra liberò Fieri il 15 ottobre 1944. Successivamente diede il proprio apporto alla liberazione di Lushnje.

17ª Brigata d'Assalto
Fu costituita il 26 settembre 1944 con 700 combattenti suddivisi in 3 battaglioni. Si scontrò con formazioni albanesi filotedesche. Venne impiegata nelle operazioni per conquistare Tirana. Più tardi operò in Macedonia.

18ª Brigata d'Assalto
Fu creata il 20 agosto 1944, articolata su 4 battaglioni. Si batté contro i tedeschi e i nazionalisti. Liberò Dibra insieme alla 5ª Brigata. Il 5 novembre 1944 attaccò i tedeschi a Kukës. Prese parte alla liberazione di Prizren il 16 novembre 1944.

19ª Brigata d'Assalto
Formatasi il 30 agosto 1944 con i battaglioni *"Thoma Lula"*, *"Thanos Ziko"* e *"Pandeli Bocari"*, disponeva complessivamente di 800 partigiani. Fu attiva contro unità germaniche e formazioni del *Balli Kombëtar*. Diede il proprio contributo alla liberazione di Argirocastro, Santi Quaranta e Delvina.

20ª Brigata d'Assalto
La sua costituzione risale al 9 settembre 1944. Il 30 ottobre di quello stesso anno organizzò un'imboscata alle truppe tedesche in movimento sulla rotabile Kukës - Elbasan. Quest'ultima città fu liberata proprio dalla 20ª Brigata d'Assalto.

22ª Brigata d'Assalto
Nacque il 18 settembre 1944 con 1.100 combattenti inquadrati in 4 battaglioni. Liberò Scutari e seguitò a combattere in Montenegro e in Bosnia.

23ª Brigata d'Assalto
Fu costituita il 21 settembre 1944 con 700 uomini. Era articolata su 3 battaglioni. Partecipò alle operazioni per liberare Tirana. Il 1 novembre 1944 liberò Kruja e poi concorse alla presa di Scutari. Combatté anche in Montenegro insieme alla 7ª e alla 24ª Brigata d'Assalto.

24ª Brigata d'Assalto
Al momento della sua formazione contava circa 650 partigiani. Si trattava di combattenti provenienti da un battaglione della zona di Lumës e volontari affluiti dalla zona di Kukës con i quali furono attivati 4 battaglioni. Dal 31 ottobre al 7 novembre 1944 investì le colonne tedesche in ritirata sulla rotabile Kukës-Prizren e dal 10 novembre 1944 partecipò alla battaglia per liberare la capitale schipetara.

25ª Brigata d'Assalto
Fu costituita il 6 novembre 1944 con 3 battaglioni e alcuni distaccamenti territoriali. Liberò alcune regioni montenegrine e avanzò in direzione del Sangiaccato e della Bosnia. Collaborò con il II Korpus jugoslavo alla liberazione di Priepolje.

27ª Brigata d'Assalto
Fu creata il 29 novembre 1944 a Scutari e vantava una forza di 1.200 uomini. Liberò alcune località del Montenegro e in particolare Podgorica, in collaborazione con unità partigiane jugoslave.

Solitamente, 3 o 4 Brigate venivano raggruppate in Divisioni[93]. A loro volta, 2 o 3 Divisioni formavano un Corpo d'Armata (Korparmata).
L'equipaggiamento delle formazioni partigiane dell'Esercito di Liberazione Nazionale Albanese includeva vari modelli di fucili e mitragliatrici. Tali armi erano più frequentemente quelle che costituivano le dotazioni tedesche, italiane e britanniche[94]. Con la capitolazione dell'Italia i partigiani poterono mettere le mani su grandi quantità di armamenti e munizioni. Ogni squadra fucilieri disponeva perlomeno di una mitragliatrice leggera e ogni compagnia era armata con una mitragliatrice pesante. L'artiglieria consisteva essenzialmente in obici da montagna da 75/13, pezzi da 65/17, cannoni anticarro da 47/32 italiani, e mortai di vario calibro, principalmente da 45 e 81 millimetri. Durante la seconda fase della guerra partigiana l'Esercito Nazionale di Liberazione Albanese riuscì a schierare circa 180 bocche da fuoco, sovente decentrate in appoggio ai singoli battaglioni. Rari erano invece i trattori di artiglieria. Nelle fasi conclusive della battaglia per la liberazione di Tirana i partigiani comunisti riuscirono a rimettere in funzione un paio di non meglio precisati veicoli corazzati che furono utilizzati negli scontri contro i tedeschi. Il vestiario dei partigiani, almeno nei primi periodi della lotta, fu un misto di abiti civili e capi di origine militare, soprattutto italiani, jugoslavi e tedeschi. Con il trascorrere del tempo, i patrioti albanesi assunsero un aspetto sempre più simile a quello dei loro omologhi negli altri Paesi europei grazie anche alle forniture alleate, consistenti soprattutto nelle caratteristiche *Battledress* britanniche. Sul finire della guerra apparvero anche gradi piuttosto elaborati, molto simili a quelli applicati sulle divise dei partigiani jugoslavi. Sui copricapi di varia provenienza, indossati dai combattenti dell'Esercito di Liberazione, furono spesso apposte stelle rosse talvolta complete di handschar e martello.

---

[93] Furono costituite almeno 6 Divisioni d'Assalto dell'Esercito di Liberazione Nazionale Albanese.
[94] I partigiani albanesi impiegarono fucili mitragliatori Bren, mitragliatrici Breda, mitragliatrici tedesche (MG 34 e MG 42) e fucili anticarro britannici (i ben noti Boys). I *"titini"* inoltre procurarono ai combattenti schipetari un discreto numero di fucili britannici Lee Enfield.

▲ Un obice da 75/13 della 3ª Brigata d'Assalto. L'artiglieria di questa formazione fu protagonista di un episodio oggi ricordato da un monumento eretto sul colle Sauk: il 18 ottobre 1943, un pezzo da 75/13 servito da un artigliere italiano e due partigiani albanesi centrò il Palazzo Reale di Tirana, ove si erano riuniti i rappresentanti del regime filotedesco.

▼ Un pezzo da 75/13 di una batteria partigiana albanese apre il fuoco contro il nemico.

▲ Foto di gruppo di partigiani e partigiane albanesi del distretto di Mallakastra risalente probabilmente al 1943.

▼ Gli uomini delle missioni alleate erano spesso presenti presso le grandi formazione partigiane. Questa fotografia è stata scattata in occasione della costituzione dell'8ª Brigata d'Assalto dell'Esercito di Liberazione Nazionale Albanese.

▲ Enver Hoxha, commissario politico dello Stato Maggiore dell'Esercito di Liberazione.

▼ Baba Faja Martaneshi, mistico della confraternita islamica sufi Bektashi e capo partigiano, fu co-fondatore e membro del Movimento di Liberazione Nazionale. Il religioso è armato con una pistola mitragliatrice Thompson. Questa fotografia risale al mese di ottobre del 1943.

▲ La bandiera di guerra di una formazione partigiana albanese.

▲ Le armi d'accompagnamento della 22ª Brigata d'Assalto. Questa formazione fu costituita piuttosto tardi, solo due mesi prima della liberazione di Tirana.

▼ Partigiani albanesi con una mitragliatrice tedesca MG 42 di preda bellica.

▲ Enver Hoxha immortalato durante i giorni del Congresso di Permeti (24-28 maggio 1944) che sancì la nascita di un governo provvisorio albanese.

▲ Mehmet Shehu, comandante della 1ª Brigata d'Assalto, fotografato su un carro armato leggero L6. Il mezzo corazzato presenta i contrassegni tipici italiani e potrebbe pertanto essere stato impiegato da militari del Regio Esercito integrati nei ranghi della resistenza albanese.

▼ Partigiani della 12ª Brigata d'Assalto. Formatasi con 650 uomini, nel novembre del 1944 gli effettivi di questa unità risultavano raddoppiati.

▲ Enver Hoxha tra i combattenti del reparto di protezione dello Stato Maggiore dell'Esercito di Liberazione Nazionale Albanese. Alcuni uomini indossano capi di vestiario britannici.

▲ Questa immagine mostra un autocannone germanico, ricavato sistemando un pezzo antiaereo da 20 mm nel cassone di un autocarro, messo fuori combattimento dai partigiani albanesi nel novembre del 1944, pochi giorni prima della liberazione di Tirana.

▼ Tirana è ormai stata liberata e alcuni partigiani esaminano la torretta di un carro armato leggero tedesco installata su una postazione difensiva fissa.

▲ I partigiani albanesi si impadroniscono della sede di Radio Tirana. È il 17 novembre 1944.

▼ Un altro scatto realizzato dopo la liberazione della capitale d'Albania. Si noti l'arma in mano al primo partigiano da destra, un fucile anticarro Boys di produzione britannica.

▲ Partigiani albanesi posano nella capitale liberata.

▼ I partigiani dell'Esercito di Liberazione Nazionale Albanese sfilano il 28 novembre 1944 a Tirana per celebrare la vittoria sui tedeschi.

▲ Tre partigiani albanesi posano davanti a un cartello stradale che indica l'ingresso nella capitale schipetara. Il primo da sinistra è armato con un fucile Mannlicher-Schönauer Y1903 (prodotto per l'esercito greco dalla *Steyr Mannlicher*), quello al centro con un moschetto Carcano 91 italiano. Il patriota sulla destra è probabilmente armato con un fucile Mauser (M1924 oppure M1930) prodotto in Belgio dalla *Fabrique National*.

▲ Cannoni anticarro tedeschi predati dai partigiani albanesi, trainati da autocarri per le vie di Tirana il 28 novembre 1944: a sinistra un PaK 40 (calibro 7,5 cm), a destra un PaK 38 (calibro 5 cm). Quest'ultimo pezzo di artiglieria è trainato da un autocarro leggero britannico Bedford MWD di produzione iniziale. Sui cassoni dei veicoli sono state dipinte delle stelle rosse

▼ L'obice della Batteria *"Cotta"*, autotrasportato, partecipa alla sfilata di Tirana. Si noti la stella rossa dipinta in basso a sinistra sul cassone del veicolo. È il medesimo simbolo che appare sul retro dei mezzi adibiti al traino dei cannoni anticarro tedeschi visibili in una delle foto precedenti.

I MILITARI ITALIANI NELLA RESISTENZA ALBANESE

La Divisione di Fanteria *"Firenze"* (127° e 128° Reggimento Fanteria e 41° Reggimento Artiglieria) non si fece sorprendere dall'Armistizio e rimase compatta agli ordini del generale Arnaldo Azzi, dislocata nella regione di Dibra. Alla Grande Unità giunsero altri militari sbandati proprio nel momento in cui il suo comandante ricercava un accordo con i partigiani albanesi[95]. Gli italiani occuparono la città di Kruja che fu però riconquistata dai tedeschi dopo aspri combattimenti il 28 settembre 1943. Con la sconfitta la Divisione *"Firenze"* non si dissolse completamente ma si frazionò in reparti più snelli per meglio adeguarsi alla condotta della guerriglia accanto ai battaglioni dell'Esercito di Liberazione Nazionale Albanese. Diverse furono le sorti di altre Divisioni italiane di stanza in Albania come la *"Brennero"*, la *"Parma"*, la *"Puglie"*, la *"Arezzo"* e la *"Perugia"*, i cui uomini furono in gran parte disarmati e catturati dai tedeschi. Nei convulsi giorni che seguirono l'8 settembre, il tenente colonnello Mario Barbi Cinti, comandante dell'aeroporto di Shijak, maturò l'idea di salire in montagna con alcuni soldati, dando così impulso alla nascita del Comando Italiano Truppe alla Montagna (C.I.T. a. M.). Il 17 settembre 1943 si formò il I Battaglione del C.I.T. a. M., organizzato su un Comando e tre Compagnie. Era intento di Barbi Cinti sottoporre ad un unico comando le truppe italiane ancora in grado di combattere. Il 29 settembre 1943 il generale Azzi fu nominato comandante del C.I.T. a. M. che fu immediatamente articolato in 9 Comandi di Zona i cui organici alla metà del mese di ottobre del 1943 erano configurati come segue:

Zona militare di Peza
Da essa dipendevano un battaglione forte di 300 uomini agli ordini del tenente colonnello Goffredo Zignani, creato il 3 ottobre 1943 tramite la fusione di due compagnie autonome di 150 militari ciascuna, il Battaglione *"Morelli"* (750 uomini), il Battaglione *"Mosconi"*[96] (450 uomini) e una formazione di 43 uomini comandata dal colonnello Coviello. Erano inoltre presenti presso la 3ª Brigata d'Assalto albanese 40 militari della Divisione *"Arezzo"*, la 5ª Batteria del 41° Reggimento Artiglieria *"Firenze"*, più un gruppo di 12 uomini con un pezzo anticarro da 47/32.

Zona militare del Dajti
Erano sotto tale comando il I Battaglione del 127° Reggimento di Fanteria *"Firenze"* (poco più di 400 militari), la batteria d'accompagnamento del suddetto battaglione (priva di pezzi e con 69 uomini) e un reparto formato dal Comando del 41° Reggimento Artiglieria e da elementi di un Battaglione Mitraglieri della Guardia alla Frontiera.

Zona militare di Berat
Comprendeva 1 battaglione di formazione costituito dal XIII Raggruppamento Guardia alla Frontiera (150 uomini), 1 Compagnia Autonoma formata dalla 1525ª Batteria da 20 mm (120 uomini), più un altro battaglione di formazione (circa 150 uomini). Il grosso dei militari non armati proveniva dai ranghi del Reggimento Cavalleggeri *"Monferrato"*.

Zona militare di Dibra
Dipendevano da essa un piccolo reparto di formazione (40 uomini) agli ordini del sottotenente Frasce della Divisione *"Brennero"* e 1.250 uomini disarmati impiegati come lavoratori. Con l'arrivo del

---

[95] Haxhi Lleshi, membro dello Stato Maggiore dell'Esercito di Liberazione Nazionale Albanese, collaborò con i reduci della *"Firenze"* fin dai primi giorni successivi all'8 settembre, avallando la richiesta di Azzi di non cedere le armi per poterle rivolgere contro i germanici, contrariamente a quanto richiesto da una missione britannica.
[96] Il Battaglione *"Mosconi"* nacque dal 104° Autogruppo Pesante.

generale Piccini che divenne comandante di zona, il 28 settembre 1943 fu costituito il Battaglione *"Dibra"* [97] (300 uomini rinforzati da una batteria da 65/17 e da un plotone mortai da 81).

Zona militare di Elbasan
Includeva un battaglione di formazione, il *"Nuova Italia"* (300 uomini in massima parte della Divisione *"Arezzo"*), una compagnia di formazione con 150 Carabinieri, prevalentemente provenienti dalla Colonna *"Gamucci"* [98]. Altre unità si trovavano presso le brigate partigiane albanesi: con la 1ª Brigata d'Assalto erano il Battaglione *"Gramsci"* (170 uomini), la 6ª e la 9ª Batteria del 41° Reggimento Artiglieria e un reparto Salmerie della Divisione *"Firenze"*, con la 3ª Brigata d'Assalto era acquartierata la 7ª Batteria del 41° Reggimento Artiglieria.

Zona militare di Valona
Da tale comando dipendevano unicamente circa 1.500 militari italiani, in cattive condizioni fisiche, scarsamente equipaggiati e privi di armamento (in maggior parte fanti, artiglieri e Carabinieri delle Divisioni *"Parma"* e *"Perugia"*).

Zona militare del Mathi
Dipendevano da questa zona 300 uomini completamente disarmati.

Zona militare di Corcia
La situazione dei militari presenti in questa zona non è nota.

Zona militare di Argirocastro
Non è accertata la presenza di reparti italiani armati dipendenti da tale comando.

Considerato probabilmente come l'unità italiana più famosa che abbia partecipato alla liberazione dell'Albania, il Battaglione *"Gramsci"* era formato in buona parte da militari della *"Firenze"* che nell'ottobre del 1943 si separarono dalla colonna al comando del maggiore Martino, reduce dalla battaglia di Kruja, accettando la proposta di Mehmet Shehu di divenire parte integrante della 1ª Brigata d'Assalto. Posti al comando di Terzilio Cardinali, gli italiani si concentrarono in un battaglione autonomo. Cardinali cadde l'8 luglio 1944 e fu sostituito dal suo vice, Giuseppe Monti. A metà ottobre del 1944 il *"Gramsci"* contava 278 uomini su 1 plotone comando e 3 compagnie. Il Battaglione prese parte alla liberazione di Tirana. Con l'arrivo di altri uomini al reparto, Mehmet Shehu suggerì la formazione di una quarta compagnia. Ampliato nell'organico e trasformato in Divisione partigiana, i combattenti del *"Gramsci"* fecero ritorno in Italia il 26 maggio 1945. Diversa da quella della Divisione *"Firenze"* fu la sorte di un'altra Divisione di Fanteria, la *"Perugia"*, i cui militari furono in gran parte catturati dai tedeschi. La Compagnia Mortai da 81 del 129° Reggimento di Fanteria *"Perugia"*, al comando del tenente Celestino, diede vita a una formazione che sarebbe stata aggregata al V Battaglione della 5ª Brigata d'Assalto Albanese. Alla fine di novembre del 1944 l'unità, nella quale furono raccolti altri militari italiani, si trasformò nel VI Battaglione della sopracitata Brigata [99]. Nell'aprile del 1945 il reparto assunse il nome di un ufficiale caduto in combattimento, venendo ribattezzato *"Carlo Palumbo"*. Due formazioni italiane schierate a fianco dei partigiani albanesi portarono il nome del deputato socialista Giacomo Matteotti: la Çeta [100] *"Matteotti"* e il Battaglione *"Matteotti"*. La prima nacque da un gruppo di 50 militari italiani che si presentarono al comando

---

97 Il Battaglione *"Dibra"* fu sciolto il 12 giugno 1944.
98 Oltre 100 Carabinieri di una colonna costituita anche da fanti, Camicie Nere ed elementi della Guardia di Finanza furono uccisi da una formazione di partigiani albanesi il 4 novembre 1943.
99 Al momento della formazione del battaglione della 5ª Brigata d'Assalto risultavano operativi solo il *"Gramsci"* e le 2 batterie del 41° Reggimento Artiglieria *"Firenze"*: la 6ª e la 9ª. La 6ª Batteria distrusse due semoventi leggeri germanici durante la battaglia di Kruja. Come il *"Gramsci"*, questa batteria fu successivamente integrata nella 1ª Brigata d'Assalto Albanese. La 9ª Batteria operò con un solo pezzo per quasi tutta la durata della guerra di liberazione dell'Albania.
100 Traducibile come compagnia, reparto, distaccamento.

del Battaglione partigiano *"Dajti"*, il secondo, aveva una forza di 60 uomini equipaggiati con armi individuali e privi di armi d'accompagnamento. La Compagnia *"Risorgimento"* si formò su iniziativa del sottotenente De Julio il 13 settembre 1943 attorno a un ristretto nucleo di ufficiali e carristi del II Squadrone Corazzato Cavalleggeri *"Alessandria"*, nel complesso 50 uomini. Ordinata su 2 plotoni di 3 squadre (di 8 uomini ciascuna), la piccola unità fu aggregata al battaglione partigiano albanese *"Dajti"*. Alla fine di settembre, pochi giorni dopo aver liberato 750 militari italiani destinati alla prigionia[101], il reparto fu inglobato nel Battaglione partigiano *"Nuova Italia"*, in via di costituzione. Nell'autunno del 1943 si formò la Compagnia *"Fratelli Bandiera"*. I 47 uomini che ne costituivano l'organico erano soldati italiani che si trovavano ospitati presso famiglie albanesi per prestare attività lavorative. Questo piccolo reparto divenne la 3ª Compagnia del Battaglione albanese *"Reshit Çollaku"*. Sotto la data del 22 ottobre 1943 risultava operativo il *"Plotone Autonomo di Pogradec"*, con 1 ufficiale e 30 soldati. La 6ª Batteria di Artiglieria del capitano Vito Menegazzi e la 9ª Batteria di Artiglieria del capitano Filippo Cotta, entrambe del 41° Reggimento Artiglieria della *"Firenze"*, dotate di pezzi da 75/13, furono poste alle dirette dipendenze del comando partigiano albanese. Le altre due batterie superstiti del medesimo reggimento, la 5ª comandata dal tenente Ezio Giannoni e la 7ª agli ordini del tenente Franco Sainati, furono rispettivamente assegnate in appoggio alla 3ª e alla 5ª Brigata d'Assalto Albanese. La Sezione Mortai da 81 del capitano Fantacci fu invece aggregata alla Brigata di Mehmet Shehu subito dopo lo scontro di Kruja. In seguito operò in appoggio a varie formazioni partigiane secondo le esigenze operative contingenti.

▲ Tirana, 28 novembre 1944: combattenti del Battaglione *"Gramsci"* partecipano alla sfilata celebrativa della vittoria. Alcuni di loro indossano uniformi britanniche.

---

101 Tali militari costituirono in seguito il Battaglione *"Morelli"*.

BIBLIOGRAFIA

Buona parte del materiale utilizzato per la realizzazione di questo lavoro è stata ricavata dalla documentazione conservata presso archivi albanesi, britannici, italiani, statunitensi e tedeschi. Di seguito sono quindi citate solamente opere che possono essere di utile consultazione per chi volesse approfondire gli argomenti trattati in queste pagine.

Amery Julian, *"Sons of the Eagle: A Study in Guerilla War"*, Hailer Publishing, Saint Petersburg, 2005.

"Annuario del Regno d'Albania", Casa Editrice Ravagnati, Milano, 1940.

Battistelli Pier Paolo, *"The Balkans 1940-41 (1) – Mussolini's Fatal Blunder in the Greco-Italian War"*, Osprey Publishing, Oxford, 2021.

Biagini Antonello, *"Storia dell'Albania: dalle origini ai giorni nostri"*, Bompiani, Milano, 1998.

Bishop Chris, *"SS Hitler's Foreign Divisions – Foreign Volunteers in The Waffen-SS 1940-45"*, Spellmount, Staplehurst, 2005.

Cappellano Filippo, Orlando Salvatore, *"L'Esercito Italiano dall'Armistizio alla Guerra di Liberazione: 8 settembre 1943-25 aprile 1945"*, Ufficio Storico Stato Maggiore dell'Esercito, Roma, 2005.

Crippa Paolo, *"I Reparti Corazzati Italiani nei Balcani 1941-1945"*, Soldiershop Publishing, Zanica, 2019.

Crippa Paolo, Manes Luigi, *"Italia 43-45. I mezzi delle Unità cobelligeranti"*, Mattioli 1885, Fidenza, 2018.

Crociani Piero, *"Gli Albanesi nelle Forze Armate Italiane 1939-1943"*, Ufficio Storico Stato Maggiore dell'Esercito, Roma, 2001.

Crociani Piero, *"Albanesi in grigioverde"*, Storia Modellismo Anno V n. I, pp. 25-28, Orion Editrice, Roma, 1981.

Crociani Piero, Battistelli Pier Paolo, *"Italian Blackshirt 1935-45"*, Osprey Publishing, Oxford 2010.

Cuzzi Marco, *"Quando Mussolini costruiva la Grande Albania"*, Macedonia/Albania le terre mobili, Limes N.2/01, Gruppo Editoriale L'Espresso, Roma, 2001.

Di Colloredo Mels Pierluigi Romeo, *"Per vincere ci vogliono i leoni…i fronti dimenticati delle Camicie Nere 1939-1943"*, Soldiershop Publishing, Zanica, 2019.

Dingu Kadri, *"Lufta Antifashiste Nacional Çlirimtare: Epopeja e Lavdishme e Popullit Shqiptar"*, Arian, Tirana, 2001.

Dželetović Ivanov Pavle, *"21. SS-divizija Skenderbeg"*, Nova knjiga, Belgrado, 1987.

Fischer Bernd, *"Albania at War 1939-1945"*, Purdue University Press, Londra, 1999.

Frasheri Kristo, "Mbi historinë e Ballit Kombëtar", Botimet Dudaj, Tirana, 2012.

Hidri Pietër, "Gjeneral Prenk Pervizi", Botimet Toena, Tirana, 2002.

Instituti i studimeve Marksiste-Leniniste Pranë KQ të PPSH, Instituti i Historisë Pranë Akademisë së Shkencave të RPSSH, Arkivi I Qendror i PPSH, "Epopeja e Luftes Antifashiste Nacional Çlirimtare e Popullit Shqiptar 1939-1944", Shtëpia Botuese 8 Nëntoru, Tirana, 1980.

Lepre George, "Himmler's Bosnian Division: The Waffen-SS Handschar Division 1943-1945", Schiffer Military History, Atglen, PA, 1997.

Lucarelli Niccolò, "Italiani in Albania 1939-1945", Delta Editrice, Parma, 2021.

Mattesini Francesco, "La Decisione di Mussolini di Occupare la Grecia", Soldiershop Publishing, Zanica, 2020.

Montanari Mario, "L'Esercito Italiano nella Campagna di Grecia", Ufficio Storico Stato Maggiore dell'Esercito, Roma, 1999.

Ruka Shahin, Dingu Kadri, Mullisi Nikolla, *"Tirana e aksioneve dhe barrikadave 1939-1944"*, Arian, Tirana, 2003.

Smiley David, *"Albanian Assignment"*, Chatto & Windus – The Hogarth Press, Londra, 1984.

Stato Maggiore Regio Esercito, *"Per te, Soldato d'Albania/Për Ty, Ushtar i Shqipnis"*, Roma, 1941.

Thomas Nigel, Abbott Peter, *"Partisan Warfare 1941-45"*, Osprey Publishing, Oxford 1983.

Trani Silvia, *"L'Unione fra l'Italia e l'Albania. Censimento delle fonti (1939-1945) conservate negli archivi pubblici e privati di Roma"*, Ministero per i Beni e le Attività Culturali, Direzione Generale per gli Archivi, Roma, 2007.

Zaugg Franziska A., *"Albanische Muslime in der Waffen-SS: Von Großalbanien zur Division Skanderbeg"*, Ferdinand Schöningh Verlag, Paderborn, 2016.

TITOLI GIÀ PUBBLICATI - TITLES ALREADY PUBLISHING

BOOKS TO COLLECT

www.ingramcontent.com/pod-product-compliance
Lightning Source LLC
LaVergne TN
LVHW070522070526
838199LV00072B/6683